Julia v. Bodelschwingh

W0187784

16.00/₁

Margarethe Stoevesandt und Friedrich v. Bodelschwingh

Julia v. Bodelschwingh

Lebenseinsatz einer ungewöhnlichen Frau

CIP-Kurztitelaufnahme der Deutschen Bibliothek:

Stoevesandt, Margarete:
Julia v[on] Bodelschwingh: Lebenseinsatz e.
ungewöhnl. Frau / Margarete Stoevesandt u.
Friedrich v. Bodelschwingh. — 3. Aufl. —
Bielefeld: v. Bodelschwinghsche Anst., 1980.
ISBN 3-922463-06-1
NE: Bodelschwingh, Friedrich von:

© v. Bodelschwinghsche Anstalten
4800 Bielefeld 13, Postfach 13 02 60
Redaktion: Bernhard Gramlich
Fotos: Vincent Böckstiegel, Eduard Kratzenstein, privat
Graphische Gestaltung: Diakon Werner Pöschel
Satzherstellung: IBM Composersatz
durch das zentrale Büro für Textverarbeitung
der v. Bodelschwinghschen Anstalten
Druck: Graphischer Betrieb Ernst Gieseking,
Bielefeld-Bethel
Bindearbeiten: Gemeinschaftswerkstätten für Behinderte
der Anstalt Bethel
3. Auflage 1980. ISBN 3-922463-06-1

Vorwort

Den Anstoß zu dem vorliegenden Erinnerungsband gab eine Ausstellung von Aquarellen Julia v. Bodelschwinghs im Sommer 1971 in Bethel. Hier wurde eindrucksvoll anschaulich, welch starke künstlerische Kräfte ausgegangen sind von einer Frau, die man heute vielfach nicht mehr kennt und deren pionierhafte Bedeutung zu ihren Lebzeiten kaum begriffen worden ist. An der Seite ihres Mannes, Pastor Fritz v. Bodelschwingh, war sie bei der Gestaltung der Arbeit an den Kranken und Hilfsbedürftigen von Bethel wesentlich beteiligt.

Es entstand der Wunsch, diesen starken Eindruck von Werk und Persönlichkeit den alten Freunden ebenso wie einer jungen Generation, die sich neu für die Pflege und Rehabilitation Behinderter verantwortlich weiß, weiterzugeben.

Aber der hundertste Geburtstag von Frau Julia v. Bodelschwingh am 7. 6. 1974 verstrich, ohne daß dieser Plan hätte verwirklicht werden können: Fast nichts war mehr bekannt über die erste Lebenshälfte und den Werdegang der Malerin. Erst als nachträglich ein umfangreicher Briefwechsel Frau Julias und ihrer Geschwister aus deren Jugendjahren auftauchte und erstaunliche Zusammenhänge klarlegte, ergab sich die Möglichkeit, das Leben dieser außergewöhnlichen Frau im Zusammenhang zu schildern.

Berichterstatter sind die Geschwister Friedrich v. Bodelschwingh und Margarete Stoevesandt. Da sie aus verschiedenen Perspektiven und mit verschiedenen Mitteln gezeichnet haben, ist ein besonders plastisches Bild entstanden. Mit Entdeckerfreude hat Margarete Stoevesandt den genannten Briefschatz zu einem auch kulturgeschichtlich reizvollen Gang durch die Jugendjahre ausgewertet; in einem späteren Kapitel erzählt sie aus eigener Anschauung von dem persönlichen Stil Frau Julias in Haus und Garten. Friedrich v. Bodelschwingh, selbst Anstaltsleiter von 1959 - 1968, berichtet in mehr thematischer Anordnung von der Wirkungszeit seiner Tante in Bethel. Seine gründliche Kenntnis der Probleme in alter wie neuer Zeit machen seine Darstellung besonders aufschlußreich. Neben Verwendung von Briefen und Tagebuchnotizen Frau Julias sowie von Beiträgen einiger Freunde und Mitarbeiter stützt auch er sich auf eigenes Miterleben.

Die Gestalt von Pastor Fritz v. Bodelschwingh wird nur in einigen charakteristischen Zügen erkennbar. Sie deutlicher zu zeichnen, war nicht die Aufgabe dieses Buches. In Wilhelm Brandts Biographie „Friedrich v. Bodelschwingh, Nachfolger und Gestalter" (Verlagshandlung der Anstalt Bethel) ist dies auf beste Weise geschehen.

Zusammen mit farbigen Reproduktionen und historischen Photos, deren Auswahl Werner Pöschel besorgte, ergeben die vorliegenden Berichte einen überraschenden Einblick in die Geschichte eines in besonderer Weise bedeutsamen Lebens und zugleich ein Stück Geschichte der v. Bodelschwinghschen Anstalten, deren Eigenart immer noch und heute vielleicht aufs neue beeindruckt und verbindet.

Joachim Wolf

Porträtfoto
von Eduard Kratzenstein
1929

Gestaltende Kräfte

Das Leben der Frau, die an der Seite ihres Mannes, Fritz v. Bodelschwingh, in ganz eigenständiger Weise für behinderte Menschen eintrat und dem Gemeinwesen Bethel ein Stück ihres Wesens mitteilte, kann nur verstanden werden, wenn man einen Blick auf den Boden wirft, aus dem sie gewachsen war.

Das Rittergut Crollage im Kreise Lübbecke in Westfalen, auf dem am 7. Juni 1874 Julia v. Ledebur als elftes Kind ihrer Eltern Albrecht Freiherr v. Ledebur und Marie geb. Freiin v. d. Recke-Obernfelde zur Welt kam, war seit der Zeit des Dreißigjährigen Krieges im Besitz der Ledeburs, die ebenso wie die mütterlichen Vorfahren v. d. Recke als charakteristisch für den im nördlichen Westfalen ansässigen Adel gelten konnten.

Dieser altgermanische Siedlungsraum in dem späteren Gebiet der Grafschaft Ravensberg und des Fürstentums Minden, der von den Höhenrücken des Teutoburger Waldes und des Wiehengebirges durchzogen wird, weist seit der Zeit der Sachsenkriege in seinem staatlichen und sozialen Gefüge besondere Merkmale auf. Im Gegensatz zu dem straff zentralistisch organisierten Frankenreich Karls des Großen hatte sich in Westfalen, namentlich im Bereich der Engern, eine altgermanische Volksdemokratie erhalten, bei der die wesentlichen Entscheidungen einer Volksversammlung vorbehalten blieben, auf der die gesamte rechtsfähige Bevölkerung in den Gruppen der Edelinge, Freibauern und Liten stimmberechtigt vertreten waren; auch dieser „hörige" Bauer hat sich bis ins 19. Jahrhundert hinein eine gewisse Unabhängigkeit und Freiheit bewahrt und nie das Maß von Erbuntertänigkeit erreicht, wie es sich in anderen Gebieten Deutschlands entwickelt hat.

Die Erinnerung an die bedeutende Gestalt des Herzogs Wittekind ist noch heute im Ravensberger Land wach und hat auch sicherlich bei den frühen Kindheitseindrücken der kleinen Julia ihre Bedeutung gehabt. Lag doch die alte sächsische Fliehburg Babilonie am Nordhang des Wiehengebirges dicht oberhalb des Gutes Obernfelde, wo ihre Mutter, Marie v. d. Recke, aufgewachsen war; und waren doch die entscheidenden Schlachten im Sachsenkriege bei Lübbecke, Osnabrück und am Süntel und schließlich die Bekehrung Wittekinds im nahen Bergkirchen, sowie seine Grabstätte in der Kirche zu Enger mit der Tradition der Sattelmeier noch in der Vorstellung lebendig. Mögen diese auch nicht sächsische Gefolgsleute des Herzogs Wittekind, sondern Franken gewesen sein, auf alle Fälle hat ihre Institution, die sich bis heute erhalten hat, mit zu der Bewahrung eines relativ freien Bauernstandes in diesem Gebiet beigetragen.

Hieraus mag sich erklären, daß in Minden-Ravensberg die dörflichen Siedlungen zumeist eine ältere Geschichte als die Rittersitze und Güter aufweisen. In vielen Fällen treten zunächst Bauerschaften und Einzelhöfe urkundlich in Erscheinung, die dann später adligen Geschlechtern ihren Namen gaben. So ist in diesem Teile Westfalens der alteingesessene Landadel stets in einem gewissen Zusammenhang mit der bäuerlichen Bevölkerung geblieben und hat seine grundherrlichen Rechte vielleicht stärker als in anderen Gebieten Deutschlands gleichzeitig als soziale Verpflichtung verstanden.

Das gilt auch für die Freiherren von Ledebur, die seit dem frühen Mittelalter in Ostwestfalen als Besitzer erscheinen. Unter Julia v. Ledeburs Vorfahren finden wir neben den Soldaten im brandenburgisch-preußischen Dienst namhafte Repräsentanten in der Landesverwaltung, in den ständischen Organisationen und im Rechtswesen. Als Königlichen Räten, Drosten, Kammerpräsidenten, Landräten und Patronatsherren lagen ihnen nicht zuletzt auch die kirchlichen Aufgaben ihrer Ämter und Gemeinden am Herzen.

Die Familie von Julias Mutter gehörte ebenfalls zu einem angesehenen westfälischen Adelsgeschlecht, das einige bedeutende Persönlichkeiten hervorgebracht hat. Ein früher Namensträger, Dietrich v. d. Recke, erscheint 1271 als Burgmann zu Kamen und Herr auf Schloß Heeren bei Unna. Die Nachbarschaft zu dem alten Wasserschloß in Dortmund-Mengede, das der Familie Bodelschwingh den Namen gegeben hat, führte wiederholt zu Eheschließungen zwischen den Geschlechtern. So sind Nachkommen als Freiherrn v. Bodelschwingh-Plettenberg noch heute im Besitz des Hauses Heeren, und in Haus Velmede, das einst zur Burgmannschaft Kamen gehörte, wurde 1794 Ernst v. Bodelschwingh geboren, dessen Sohn Friedrich der Gründer von Bethel wurde und dessen Enkel Fritz sich mit Julia v. Ledebur verband.

Dietrich v. d. Recke, Stammvater der Stockhauser Linie, war 1620 Landrat zu Minden und Herr auf Stockhausen bei Lübbecke geworden. Hier wurde 1744 Julias Urgroßvater, Eberhard Freiherr v. d. Recke geboren, der drei preußischen Königen als Minister diente: In den letzten Regierungsjahren Friedrichs des Großen wurde er Justizminister und übte dieses Amt noch unter Friedrich Wilhelm II. und Friedrich Wilhelm III. aus. Seine Frau Lisette war die Schwester des westfälischen Oberpräsidenten Ludwig v. Vincke und hat fraglos etwas von dem Geist ihres Bruders in ihre Familie eingebracht. Über Ludwig v. Vincke schreibt sein Schüler und Biograph, der Minister Ernst v. Bodelschwingh:

„Der alte Vincke hatte über 40 Jahre an der Spitze der Verwaltung der Provinz Westfalen gestanden, mit unermüdlichem Eifer für sie gewirkt und für sie fast allein gelebt. Jeden Kreis bis hin zu den entlegenen Gebirgsdörfern hatte er in seinem blauen Kittel durchwandert, um mit eigenen Augen zu prüfen, ob seine Beamten ihre Pflicht erfüllten und wo es zu helfen oder zu verbessern gab. Gemeinnützige Anlagen aller Art hat er ins Leben gerufen, gepflegt und geschützt. Tausenden hatte er mit Rat und Tat, oft mit eigenen gewichtigen finanziellen Opfern beigestanden und war der Vermittler seiner Landsleute und ihrer Wünsche beim König und den höchsten Behörden gewesen. Jeder wußte, daß das kleinste wie das wichtigste Anliegen die gleiche warme, werktätige Teilnahme fand, daß er stets half, wo und wie er konnte. Er war der „Vater der Provinz", der sie aus den Wirren und Nöten der napoleonischen Kriegs- und Besatzungszeit zu einem wirtschaftlich und kulturell aufblühenden Gemeinwesen geführt hatte und als einer der führenden Verwaltungsmänner seinen Platz in der preußischen Geschichte gefunden hat."

Lisette v. d. Recke erlebte an der Seite ihres Mannes in Berlin auch die schweren Jahre der napoleonischen Herrschaft. Sie war der Königin Luise in persönlicher Freundschaft verbunden, und die königlichen Kinder gingen im Reckeschen Hause aus und ein. Als Witwe kehrte die „Ministerin" in die ländliche Heimat ihres Mannes zurück und bezog in Obernfelde bei Lübbecke den nach Plänen von Schinkel für sie erbauten kleinen Alterssitz, der im Volksmund noch heute das „Ministerhaus" genannt wird.

Welch warme Verehrung der spätere König Friedrich Wilhelm IV. der Ministerin bewahrte, zeigt das Beileidsschreiben, das er nach ihrem Tode an ihren Sohn Carl v. d. Recke, seinen ehemaligen Spielgefährten, richtete:

Berlin, 31. Oktober 1838

„Lieber Carl! Welchen Schmerz machen mir die Zeilen von Ihrer Hand, die ich im Augenblick erbreche. Ihre teure, verehrte, so verehrungswürdige Mutter ist entschlafen! Es ist mir zu Mut, als hätte ich selbst eine teure Verwandte verloren. Ich bin ja mit in ihrem Hause gleichsam aufgewachsen; meine ältesten, liebsten Erinnerungen knüpfen sich an sie oder an kleine Begebenheiten, die unter ihren Augen geschahen, an Freuden, die sie bereitete, an lohnende und strafende Blicke von ihr, die mehr Eindruck als lange Sermone machten.

Der Geist christlicher, adliger Zucht und Sitte, der von ihr ausgehend das ganze Haus belebte und später das Lebensprinzip so vieler anderer herrlich gesegneter Häuser geworden ist, hat entscheidend auf meinen Geschmack, mein Urteil, meine Ansichten gewirkt.

Glauben Sie mir, lieber Carl, mein Besuch vor 5 Jahren hatte nicht den Zweck, die älteste Exzellenz des Landes zu ehren, nein, ich wollte mich letzen an dem Anblick derjenigen, die meine gnädige Gönnerin und Freundin in meinen ersten frohen Tagen war, ich wollte einen Segenswunsch von ihr auf meinen weiteren Wegen mitnehmen.

Soll ich Sie noch meines Beileids versichern! Das ist ein Tod, der viel seligen Trost in sich trägt. Noch meinen innigsten Dank für Ihren Brief, und nun segne Sie Gott, lieber Carl. Mit alter Freundschaft Friedrich Wilhelm."

Carl v. d. Recke, Julias Großvater, war der Typ des christlich-konservativen und königstreuen Edelmanns. Er vermählte sich mit Luise Gräfin Gronsfeld aus Erlangen, die jung verwaist nach Norddeutschland verschlagen worden war. Mit ihr trat eine warmherzige, bewegliche und musisch vielseitig begabte Frau in die Familie ein. Luise v. d. Recke malte vorzüglich und erfand reizende Kinderlieder, die noch heute von ihren kleinsten Nachfahren gesungen werden; auch fertigte sie für ihre Kinder bewegliche Schattenspiele und schrieb die dazugehörigen Stücke. Daneben griff sie aber auch jene fürsorgerischen Aufgaben an, die den Gutsfrauen zufielen in einer Zeit, wo es eine öffentliche Kranken- und Altersversorgung nicht gab. Luise v. d. Recke war sich mit ihrem Mann einig in dem besonderen Blick für die wirtschaftlichen und sozialen Nöte ihrer Umgebung, und als ihre erwachsenen Töchter Caroline, Marie (später Julias Mutter) und Luise — damals 26, 22 und 17 Jahre alt — von sich aus den Plan faßten, ein „Pflegehaus" zur Aufnahme von unversorgten Kindern, Siechen und Alten zu gründen, unterstützten die Eltern dies für adlige junge Damen jener Zeit ungewöhnliche Vorhaben in jeder Weise.

In einer „Richtschnur" sind die Grundgedanken des damals ganz neuartigen Unternehmens dargelegt:

„Die Hilflosesten unter den Bedürftigen sollen Zuflucht und ein wohltuendes Unterkommen finden. Der Sinn für Ordnung und Reinlichkeit soll, von hier ausgehend, in weiteren Kreisen der Bevölkerung geschaffen werden, wo Kinder, die nur auf das Betteln angewiesen sind, außer der Schulzeit Beschäftigung und richtige Anleitung zu solcher finden.

Daß das Unternehmen nur im Kleinen begonnen wird, ist teils aus den Verhältnissen geboren, gründet sich aber auch auf der Überzeugung, daß kleine Anstalten einfacher, naturgemäßer, den gewohnten Verhältnissen der Leute entsprechender sind, daß sie familienartiger gehalten werden können und dadurch auf die Dauer wirksamer sind als

11

große, ausgedehnte Anstalten, wo die Individualitäten nicht mehr berücksichtigt werden können und die Oberaufsicht so bedeutende Kräfte erfordert."

1856 konnte das kleine Fachwerkhaus tatsächlich eingeweiht werden. Die drei Schwestern v. d. Recke stellten sich ganz auf ihr Vorhaben ein. Sie verbanden sich mit Gleichgesinnten zu einem Kreis, der sich die Einschränkungen eines einfachen und enthaltsamen Lebens auferlegte, auch in großem Umfange gute Handarbeiten zum Verkauf anfertigte, um die nötigen Gelder für den Fortbestand des kleinen Hauses aufzubringen. Bis ins hohe Alter blieben Caroline und Luise v. d. Recke die tätig Verantwortlichen für das Obernfelder Pflegehaus, das mit seiner urwüchsigen Fürsorge, seiner organischen Beschäftigung der alten Insassen und nicht zuletzt mit seinen im Freien gefeierten Jahresfesten einen geliebten Mittelpunkt seiner näheren Umgebung darstellte.

In diesem frühen Liebeswerk, das noch heute besteht, ist eine weitere tragende Kraft zur Wirkung gekommen, die nicht nur das Leben Julia v. Ledeburs, sondern vor allem Bethel, ihren späteren Wirkungsort, maßgebend gestaltet hat: Die Ravensberger Erweckungsbewegung.

Wie schon in der zitierten „Richtschnur" deutlich anklingt, war es mit dem stolzen Bauerntum, mit altväterlicher Sitte auf eichenumstandenen Höfen nicht mehr durchweg so herrlich bestellt. Mit der aufkommenden Textilindustrie zog die Armut ins Land. Sie traf vor allem die „kleinen Leute", die ihre Erwerbsmöglichkeiten durch Lohnweberei an die wachsenden Industriestädte verloren. Zu dieser äußeren Entwicklung kam eine innere: In der frostigen Atmosphäre der Aufklärung verkümmerten kirchliche Verkündigung und sittliche Erziehungsarbeit. So wurden Trunk- und Vergnügungssucht die Gefährten der Armut, die Glaube, Zucht und Sitte untergruben.

Da waren es die kleinen Kreise der „Stillen im Lande", die, von der rationalistischen Kirche nicht mehr geistlich ernährt, sich in ihren Häusern zusammenfanden, um die Predigten der Väter — etwa Hofackers oder Brastenbergers — zu lesen, aus dem alten, noch nicht rationalistisch geglätteten Gesangbuch zu singen und um vor allem in Gebet und gegenseitiger Seelsorge ein christliches Leben zu gestalten. Alsbald gerieten diese Kreise als „Konventikel" bei der Verwaltungskirche in den Verdacht staatsfeindlicher Umtriebe und wurden polizeilich überwacht oder sogar verboten.

Dies änderte sich erst, als auch „erweckte" Pastoren die bisher fast ausnahmslos von Rationalisten besetzten Kanzeln eroberten — oft angezeigt und disziplinär von der staatsobrigkeitlichen Kirchenregierung gemaßregelt. Der überzeugende Führer der Erweckungsbewegung wurde Johann Heinrich Volkening, Pastor zuerst in Gütersloh, dann in Jöllenbeck bei Bielefeld. Seine die Gewissen aufrüttelnden Predigten mit Themen wie etwa: „Die elende Herrlichkeit der Kinder dieser Welt und das herrliche Elend der Kinder Gottes" zogen die geistlich ausgehungerten Menschen magnetisch an. Sie durchwanderten oft Nächte, um ihn zu hören. Es ist vorgekommen, daß bei überfüllter Kirche die Menschen auf Leitern an die geöffneten Fenster kletterten, um von außen der Predigt zu folgen.

Obgleich die Zahl der zu neuem und bewußtem Christenleben Erweckten wohl immer eine Minderheit darstellte, war ihr Einfluß außerordentlich groß. Nicht nur die offenbaren Volkslaster, von deren Rohheit wir uns heute kaum noch einen Begriff machen können, **12**.

wurden rücksichtslos und mit einer uns heute befremdenden, aber damals wohl nötigen Gesetzlichkeit angegriffen, auch die geflissentlich übersehenen sozialen Nöte, Krankheit und Siechtum wurden zum Ziel aufopfernder und tatkräftiger Liebe gemacht. Ohne diese tiefgreifenden Impulse, von denen auch die nicht eigentlich christlich Erweckten mitgerissen wurden, wäre die Stiftung des kleinen Obernfelder Pflegehauses ebensowenig denkbar gewesen, wie die Gründung des großen Bethel.

Der alte Volkening hat der Familie Ledebur auch persönlich nahegestanden. Er verbrachte seinen tätigen Lebensabend bei seinem Sohn in Holzhausen, zu dessen Pfarrbezirk das Gut Crollage gehörte. So erlebte er das erschütternde Sterben der Mutter von zwölf Ledebur-Kindern aus nächster Nähe mit. Er hat noch die Sterbende getröstet und wurde Pate bei der Nottaufe des eben geborenen Kindes. Danach hat sich der Achtzigjährige noch einmal zu Fuß auf den Weg nach Crollage gemacht; die Wendeltreppe des Turmes zu ersteigen war er nicht mehr fähig. So stellte er sich zu stillem Gebet unter das Fenster des Sterbezimmers, sandte einen langen Blick hinauf, schlug mit weiter Gebärde ein großes Kreuzeszeichen und wandte sich zum Heimweg.

Johann Heinrich Volkening (1796 - 1877)

Die zwölf Geschwister v. Ledebur um 1888.
Obere Reihe von links:
Gerhard, Bertha, Wilhelm, Else, Marie.
Mittlere Reihe:
Adelheid, Mathilde, Helmine, Luise, Karl.
Vorn sitzend:
Albrecht und Julia.

Haus Crollage

Die Jugendjahre

Am 14. Januar 1876 kommt schweres Herzeleid über die Familie v. Ledebur auf dem Gut Crollage: Die zwölf unmündigen Kinder verlieren ihre Mutter. Der Kampf gegen das Kindbettfieber, mit allen Mitteln verzweifelt geführt, war vergeblich gewesen, die Mutter stirbt, nachdem sie ihren älteren Kindern noch einzeln Worte tröstlicher Vermahnung zusprechen kann, die lebenslang nicht vergessen werden.

Die älteste Tochter Mathilde (damals 17 Jahre alt) muß sich die Führung des großen Haushaltes aufbürden lassen; die größeren Brüder Wilhelm (16) und Carl (12) kehren zutiefst erschüttert an ihren Schulort Gütersloh zurück; die Schwestern Else (15) und Helmine (13) nehmen sich tapfer ihrer kleinsten Geschwister an; drei Mädchen der mittleren Altersstufe, Bertha (8), Luise (7) und Adelheid (6) haben den zusätzlichen Kummer, das Elternhaus ganz verlassen zu müssen; daß sie eine besonders glückliche Kindheit mit sorgfältiger Erziehung im Ministerhaus von Obernfelde bei den unverheirateten Schwestern ihrer Mutter genießen werden, können sie ja nicht voraussehen. Übrig bleiben die vier „Kleinen", die, umgekehrt, in ihrer Kinderstube nichts von dem Schicksalsschlag gemerkt haben und doch wahrscheinlich die am meisten Geschädigten sind: Marie (4 1/2), Gerhard (3), Julia (1 1/2) und Albrecht (4 Wochen).

Der Vater, Albrecht v. Ledebur, Königlich-Preußischer Rittmeister, heiratet nicht wieder. Mühsam hilft man sich durch die nächsten Jahre. Gouvernanten kommen und gehen. Wohl kümmern sich die großen Schwestern nach Kräften um die Kleinen, ja, sie lieben sie „mehr als man sonst Geschwister liebt". Aber die bezaubernde, fromme Mutter, die den älteren Kindern so viel gegeben hatte, fehlt eben. Und so taumeln die Kleinen zwischen der Strenge des Vaters und einer reichlich unkontrollierten Freiheit auf dem herrlichen Gelände des Gutshofes etwas unsicher hin und her.

Als der Vater 1881 nach dem Tod des kinderlosen Onkels Benjamin v. Ledebur das Gut Arenshorst bei Bohmte erbt, siedelt die Familie dorthin über, weil das Haus wohnlicher ist als Crollage.

Der private Schulunterricht wird immer problematischer, so daß der Vater sich entschließen muß, ein Haus in Hannover zu beziehen, von wo aus die Kinder öffentliche Schulen besuchen können.

Aber der Vater hält es nicht lange in der Stadt aus: Er bringt die Kinder bei einer Familie Greve unter und geht mit der tüchtigen Mathilde 1888 nach Crollage zurück, wo er Baupläne verwirklichen will. Er hatte das altertümliche, schloßartige Haus von seinem Vater, der als aktiver Offizier gar nicht dort gewohnt hatte, in schlechtem Zustande übernommen. Das Mittelstück des dreiflügelig angelegten Hauses, wohl in alter Zeit einmal abgebrannt, war nur ein scheunenartiges Provisorium und wurde als Pferdestall benutzt. Ausreichender Wohnraum für die große Familie war kaum vorhanden. So war es sehr berechtigt, daß Ledebur unter erheblichen finanziellen Opfern einen gründlichen Umbau ausführen ließ, der zwei Jahre in Anspruch nahm.

Julia besucht in Hannover die „Höhere Töchterschule von Julie Boysen". Lustig und lernbegierig wie sie ist, genießt sie es ehrlich, endlich zusammen mit Gleichaltrigen geregelten Unterricht zu haben! In Hannover nimmt sie auch am Konfirmandenunterricht teil und wird 1889 eingesegnet. Zwei Jahre darauf endet die Schulzeit, zu Julias echtem Kummer: Sie hätte gern weitergelernt. Wohl ging es zurück ins geliebte Crollage, dessen Ausbau 1891 schön vollendet wurde, aber unter dem Regiment der tatkräftigen ältesten Schwester zu stehen und der Familie zu dienen, war kein unbedingt lockendes Ziel.

In dem großen, eher schlicht geführten Gutshaushalt gibt es Arbeit die Fülle, auch wenn man Dienstboten hat. Im Garten, bei der Hühnerhaltung, Milchwirtschaft, Einmacherei und Hausschlachtung, bei der Wäschepflege und Hausschneiderei werden die Töchter einfach gebraucht und lernen alle Arbeit kennen. Die abwesenden Geschwister verbringen ihre Ferien zu Hause und müssen neu ausstaffiert werden; im Sommer kommt unendlich viel Besuch und verschlingt zu Julias Mißfallen die gute freie Zeit. Wohl sind dann und wann kleine Reisen möglich, aber immer nur einzeln können die Schwestern abkommen. Auch reisen sie kaum zum Vergnügen, sondern zum Aushelfen innerhalb der großen Verwandtschaft, etwa bei Krankheitsfällen. Auf den drei Schwestern Mathilde, Marie und Julia bleiben praktisch all diese Pflichten hängen, denn die übrigen Geschwister sind nach und nach hinausgezogen:

Wilhelm hat Jura studiert und ist ab 1888 Regierungsassessor in Minden. Else geht 1885 als Hofdame der Prinzessin Marie zu Schleswig-Holstein-Glücksburg nach Louisenlund; Helmine tritt 1883 in Neuendettelsau als Diakonisse ein; Carl beendet seine Ausbildung als akademischer Maler, heiratet 1892 und läßt sich zunächst in Berlin, dann in Dresden-Zschachwitz nieder. Die drei Obernfelder Schwestern haben Kindespflichten bei ihren Tanten zu erfüllen, fliegen aber schließlich ebenfalls aus: Bertha wird 1893 Diakonisse in Frankfurt am Main; Luise absolviert mit Unterbrechungen in Dresden ein Studium der Malerei bei Carl Bantzer, das sie sich selbst verdient, indem sie Copien-Aufträge ausführt; Adelheid ist von 1892 bis 1895 Hofdame in Arolsen. Die beiden jüngsten Brüder Gerhard und Albrecht schlagen die Offizierslaufbahn ein.

Erst 1894 wird es möglich, daß die beiden jüngsten Ledebur-Töchter wenigstens für drei Monate zu einer Fortbildung loskommen. Versteht sich: in Verwandtenhäuser, wo die Mädchen gebührend gehütet werden! Marie geht nach Freiburg, Julia nach Dresden, wo sie den ersten fachgerechten Unterricht in einer Malklasse erhält. Im Sommer, wo die Arbeit auf dem Lande sich häuft, müssen die Töchter allerdings nach Crollage zurückkehren.

Der Malerbruder Carl findet es unerhört, daß für Marie und Julia so wenig getan wird. Er setzt sich für eine Fortsetzung der Malstunden ein und empfiehlt den Berliner Maler Franz Skarbina. Vater Ledebur aber sieht ein Problem in der Unterkunft: Vornehme junge Damen können nicht irgendwo in einer Stadt allein wohnen! Carls eigene Wohnung ist leider zu klein, passende Bekannte finden sich nicht, und eine standesgemäße Pension ist einfach zu teuer. So kommt für Julia und Marie außer einer kurzen Informationsreise nach Berlin, bei der sie Skarbina wenigstens kennenlernen, im Jahre 1895 wieder keine Fortbildung zustande.

Die Familie ist auch hinreichend beschäftigt durch die bevorstehende Heirat des ältesten **16**

Bruders Wilhelm. Die Hochzeit findet im Dezember 1895 in Freiburg i. Br. statt. Mit der Reise dorthin verbindet Julia einen längeren Besuch bei ihrer Diakonissen-Schwester Helmine, die in Ansbach in der Gemeindepflege arbeitet. Julia hilft und hospitiert teils dort, teils in Neuendettelsau selbst und gewinnt sehr positive Einblicke in das Diakonissenamt, besonders der Löheschen Prägung.

Der Bruder Wilhelm zieht mit seiner jungen Frau zunächst nach Lübbecke, wo er schon seit 1894 der Kreisverwaltung als Landrat vorsteht. Er ist der Erbe von Crollage und soll Ende 1896 das Gut übernehmen und dorthin übersiedeln. Wohl bietet sich für den Vater und die unverheirateten Töchter nun wieder das zweite Gut Arenshorst als Wohnsitz an, aber der Abschied von dem geliebten Crollage fällt schwer.

Um den Übergang in den Ruhestand zu erleichtern und einmal dem norddeutschen Winter zu entgehen, plant der Vater Ledebur einen längeren Aufenthalt in Montreux am Genfer See. Marie und Julia sollen ihn begleiten. Man hat die dort ansässigen alten Tanten Vincke [1] gebeten, für passende Unterkunft zu sorgen, und nach vielem Hin und Her wird endlich ein Chalet gemietet. Vor der Abreise schreibt Julia an ihre Schwester Else:

Crollage, 5. 10. 96

,, . . . Ich atme auf, in einer Weise, wenn wir davongehen. Wir erwarten noch eine feste Zusage von Tante Marie und hoffen, am 20. zu reisen. Für Wilhelm recht unangenehm dies Kleben von uns, aber alles muß ja in schneckenartiger Weise gehen! Man hindert uns so furchtbar im Tun und Denken.

Wir hatten noch viel Kampf um Montreux. Hoffentlich ist's kein selbstgewählter Weg. Warum muß alles so schwer zu erkennen sein? Man läßt Marie und mich mit dem größten Mißtrauen ziehen, es ist recht demütigend. Wir müssen uns so unangenehm verteidigen, und innerlich schreit man recht besorgt um Kraft und Weisheit.

Wie vieles kreuzt durch Hirn und Herz. Es ist fast nicht zu bewältigen. Dein Abreisen, und dann Berthas Abschied in ihren friedlichen Beruf! Diese tiefen Geheimnisse in den einzelnen Leben — Deines und unser aller — es muß doch noch einmal alles klar und zu Gottes Lob werden.

Am Haus der rote Wein ist abgefallen, Sturm — und rauschendes Laub zu den Füßen. Crollage und Herbst sagt uns viel. Man ahnt schon stark die Abschiedsschmerzen.''

In Montreux angekommen, sind die Töchter glücklich über ihre Aufgabe und fassen sie recht geschickt an. Marie sorgt für die Unterhaltung und persönliche Pflege des Vaters, während Julia, ihrer praktischen Veranlagung entsprechend, die Ausgestaltung des Häuschens und die Küche übernimmt. Das Fixum, das dem Vater nach Übergabe von Crollage eingeräumt werden konnte, ist recht bescheiden. Darum setzt Julia ihren Stolz darein, günstiger als geplant zu wirtschaften und ohne die ihnen aufgenötigte Kochfrau auszukommen.

Der Vater, mit seinen fast 70 Jahren nicht mehr gut zu Fuß und wechselnd in der Stimmung (,,teils tief befriedigt, teils kofferpackend fast''), ist nicht leicht zu nehmen. Aber die fröhlichen Töchter kommen gut mit ihm aus und lernen ihren Vater überhaupt erst kennen und lieben, und auch der alte Herr, der etwas taub und scheu geworden ist, schließt sich ihnen auf. Nur: für die Mädchen selbst und ihre Weiterbildung kommt bei diesem Aufenthalt wieder nichts heraus! Julia schreibt an ihre Schwester Else:

Montreux, Chalet Grand Trait, 18. 11. 96
,, . . Oh, Papas Wonne, auf den Trottoirs zu wandern, wo Putzmenschen schlendern! Die Alpen, der See und all die wunderbare Schönheit hier könnten fast fehlen. Wir sehen sehnsüchtig in die Felsen und fernen Klüfte. Mit Papa wäre eine schöne Tour nur für viel Geld zu machen, und das dürfen wir doch nicht. Papa könnte interessanten Verkehr haben, aber er verfehlt alles. Gestern rangen wir ihm einen famosen Vortrag ab, deren es hier viele gibt.

Auf Stunden und dergleichen lassen wir uns nicht eher ein, bis der Haushalt pendelartig geht und wir Geldverbrauch und Zeit übersehen können. Persönliches Geld, zu Stunden bestimmt, haben wir ja genügend.

Sonntags ist ein — oder kein! — ziemlich kläglicher Gottesdienst Stärkung für die Woche. Mächtige Glocken läuten über den See. Das hat's in sich! Wir möchten so gern diese vielen merkwürdigen Kirchen untersuchen, aber mit Papa unmöglich.''

Schon gegen Weihnachten wird es dem Vater zu eng und zu kalt in dem winzigen Häuschen, und der Arzt rät zum Übersiedeln in eine Pension. Dadurch wird die hauswirtschaftende Tochter überflüssig. Schweren Herzens reist Julia ab.

Sie fährt nach Ansbach zu ihrer Schwester Helmine, wie schon im vorigen Jahr. Mithelfend feiert sie dort das Fest und nimmt ab Neujahr 1897 wieder am Leben im Diakonissenhaus Neuendettelsau teil. Bezzels Unterricht und Predigten sowie die liturgisch geprägten Gottesdienste üben eine starke Anziehungskraft auf Julia aus. Halb bang, halb freudig spürt sie den Wunsch, hier einmal einzutreten.

Aber von einer Berufswahl, gleich welcher Art, kann für Julia nicht die Rede sein. Mathilde hat inzwischen den Umzug nach Arenshorst besorgt und das schöne kleine Wasserschloß als Ruhesitz für den Vater eingerichtet. Seit April 1897 sind hier, genau wie vordem in Crollage, wieder drei erwachsene Töchter um dem Vater versammelt, nur daß sie jetzt nicht mehr recht ausgefüllt sind. Julia hält das für unverantwortlich angesichts des Elends in aller Welt, und für unwirtschaftlich, da die Geldmittel doch knapp bemessen sind. Mathilde ist durch ihren nun schon zwanzig Jahre währenden Einsatz für die Familie stumpf geworden und in ihren Anschauungen, sich selbst unbewußt, in die ältere Generation verrutscht, so daß sie ihre jungen Schwestern nicht mehr verstehen kann. In einem Brief an Else schüttet Julia wieder ihr Herz aus:

Arenshorst, 2. Mai 1897
,, . . Uns ist es ja furchtbar gut, daß wir uns beugen müssen; ich würde auch nirgends Ruhe finden, ehe ich nicht diesen tollen Groll gegen Mathilde, von Jahren angestaut, ausgerodet habe.

Dettelsau mit Diakonissenwünschen will ich ja gern auf Jahre totschweigen. Von Papa will ich es eben nicht fordern. Die Ferne und das Absterben der Familie wäre ja noch ganz gegen seinen Wunsch. Natürlich beziehe ich heimlich doch alles darauf und würde gern all mein Lernen und Tun aufs Diakonissewerden zielen lassen.

Daß Mathilde über diesen meinen Wunsch Tränen vergießt, überhaupt ihn so verkehrt oder unnatürlich findet, ist mir recht überraschend. Ich denke, daß für Nüchtern-Werden diese Zeit gemacht ist. Dieser rührende Gedanke von Mathilde, auf Heiraten unsrerseits zu hoffen! Ob es nun das größte Glück wäre in heutiger Zeit in unsern Verhältnissen? Ideale Ehe, das Seltenste, was es gibt! Ich möchte meiner Schwester nicht das wünschen, was man so in unsern Kreisen gewohnt ist."

Sechs Wochen später macht Julia einen — allerdings mißglückten — Versuch, wenigstens für kurze Zeit in Bethel zu arbeiten. Sie schreibt, wieder an Else:

Arenshorst, 16. 6. 97

„ . . Seit Montag sollte ich als „Freie Hülfsschwester" in Bielefeld sein, trat schon gerüstet in Crollage an, wurde aber einfach zurückgeschickt wieder. Wir waren übereilt auf Pastor Bodelschwinghs münd- und schriftliche Schreie eingegangen, ohne Rücksicht auf berechtigte Familienwünsche."

Die Ledeburs hatten längst Verbindung mit den Bodelschwinghs in Bethel. Durch gemeinsame Vorfahren waren sie überhaupt verwandt. Hinzu kam in beiden Familien seit Generationen das gleiche tätige Verantwortungsbewußtsein gegenüber Volk und Staat. Auch hatte die Erweckungsbewegung des 19. Jahrhunderts die Familien in ähnlicher Weise geprägt. Aber es gab auch ganz profane Berührungspunkte: Wer vom Lande aus zum Zahnarzt Dröder nach Bielefeld mußte, übernachtete bei Bodelschwinghs! Die Ledebur-Töchter nannten den alten Pastor v. Bodelschwingh „Onkel Friedrich", und seine Söhne Wilhelm, Gustav und Fritz sowie die Tochter Frieda galten ganz einfach als Vettern und Cousine.

Ein neuer Funke sprang durch Julias Schwester Luise über. Diese hatte es zu gutem handwerklichen Können in der Ölmalerei gebracht. Schon 1895 hatte Vater Bodelschwingh der jungen Malerin den Auftrag erteilt, eine große langweilige Wand im „Flaschensaal" des Kinderheims mit einem Wandgemälde zu schmücken. Die fertige Arbeit, eine Darstellung des Guten Hirten, hatte so viel Gefallen gefunden, daß ein größerer Auftrag folgte: Etwa sieben leere spitzbogene Wandfelder in Sareptas Wandelhalle [2] sollten ausgemalt werden. Es waren biblische Motive gewählt worden, die Luise nach Holzschnitten von Schnorr von Carolsfeld in fast Lebensgröße farbig ausführte. Da die Halle nach einer Seite offen war, konnte nur bei gutem Sommerwetter gearbeitet werden. So verbrachte Luise 1896 und 1897 mehrere Wochen in Bethel und wohnte bei Bodelschwinghs.

Im Juni 1897 verlobte sie sich mit dem ältesten Sohn. Wilhelm v. Bodelschwingh, ebenfalls Pastor, war stellvertretend für seinen Vater bereits mit der Leitung des Diakonissenhauses Sarepta betraut. Die Verlobung fand begeisterte Zustimmung in weiten Kreisen, und schon im Herbst zog Luise als glückliche junge Pfarrfrau in Bethel ein.

In Arenshorst hat sich derweil das gespannte Zusammenleben der Schwestern etwas gelockert. Mathilde, im Grunde ein wahres Juwel, besonders bei Wochen- und anderen Pflegen im Familienkreis, wird oftmals ausgeborgt. Dann kann Julia den Vater nach ihrem eigenen Gutdünken versorgen und ist dessen froh.

19 Die junge Familie in Bethel bildet einen neuen Anziehungspunkt. Immer wieder stellen sich Geschwister dort ein. So findet man schon im November 1897 auch Julia dort. Diesmal hat es mit der „Freien Hülfsschwester" geklappt! Sie arbeitet im Kinderheim auf der kleinen chirurgischen Station, steht da ihren Mann und ist bei den Kindern besonders beliebt. Sie selbst ist so beglückt, daß Vater Ledebur bange wird, es könne ihr dort zu gut gefallen. Und als Julia an ihrem kurzen Weihnachtsurlaub ebenso vorschriftsmäßig wie arglos in Tracht zu Hause erscheint, ärgert er sich dermaßen, daß er sie 1898 sobald wie möglich zurückzieht.

Das Jahr 1899 bringt die letzte Krankheit und den Tod des Vaters. Als er am 6. Dezember im Alter von 72 Jahren stirbt, ist Julia mit ihm allein . . .

Die Verpflichtung, zu Hause zu sitzen, ist nun aufgehoben. Julia ist jetzt 25. Von Neuendettelsau wird nicht mehr gesprochen. Wohin wird ihr Weg gehen?

Eine Reise nach Rotenburg a. d. Fulda, die Julia im Februar 1900 macht, um dort im Schloß ihre Schwester Else kurz zu vertreten, mag erwähnt werden. Wichtig wird für Julia erst die daran anschließende Zeit in Potsdam im Hause ihrer wesentlich älteren Cousine Gräfin Elisabeth Keller. Dort war schon lange durch die Alterspflege der Mutter und der Schwiegermutter ein Notstand eingetreten. Wo Julia jetzt abkommen kann, wird sie zur Hilfe angefordert.

Gräfin Keller hatte gehofft, daß Julia neben der Pflege genügend Zeit haben würde, etwas für ihre Bildung zu tun, zu malen oder mit ihren in Potsdam stationierten Brüdern etwas zu unternehmen. Wieder wird nur wenig daraus, denn der Zustand der beiden alten Damen, die mit der damals üblichen und möglichen Selbstverständlichkeit weiter zu Hause behalten werden, verschlechtert sich zusehends, so daß den Pflegenden alles an Durchhaltekraft abverlangt wird. Julia bewährt sich über Erwarten gut. Sie ist für alle anfallenden Arbeiten zu gebrauchen, sie zeigt Geduld und Einfühlungsvermögen und bleibt auch bei schwerer Belastung fröhlich und einsatzbereit. Es fügt sich, daß die beiden Alten an einem Tage, dem 17. 12. 1900, sterben dürfen und zusammen beigesetzt werden.

Julia ist so gut eingearbeitet, daß sie gebeten wird, noch ein Vierteljahr zu bleiben, bis alles geregelt ist, was die Todesfälle mit sich brachten. Nebenher kann Julia jetzt noch einen guten Kochkursus mitmachen. Elisabeth Keller ist sehr besorgt, ob sie ihre junge Cousine auch nicht zu sehr angestrengt, ausgenutzt und um die geplante geistige Anregung gebracht habe infolge der ungewöhnlichen Notlage. Aber Julia wehrt ab. Für sie war das Jahr reich: Sie hat sich als erwachsener Mensch beweisen dürfen, sie hat sich unabhängig gemacht von dem belastenden Vorurteil der älteren Geschwister, sie sei als die Jüngste verwöhnt und unbeständig.

Noch während Julia in Potsdam ist, erhält sie eine Anfrage von ganz anderer Seite: Die Gräfin Erbach in Schönberg bei Bensheim sucht eine Gefährtin für ihre 18-jährige Tochter; keine Erzieherin, sondern mehr gleichgestellten, anregenden Umgang. Auf etwa zwei Jahre. Julia faßt sich ein Herz, nimmt an und beginnt im Mai 1901 in Schönberg.

Die Stellung, zum ersten Mal bei Nicht-Verwandten, erweist sich als idealer Glückstreffer. **20**

Jugendbildnis

Schloß Schönberg ist herrlich im Odenwald gelegen, die Familie Erbach kommt Julia sehr freundlich entgegen und läßt sie an allem teilhaben. Julia lebt sich rasch ein und weiß ihren anscheinend etwas scheuen Schützling richtig zu nehmen. Sie teilt alle Stunden mit der jungen Gräfin Edda und malt mit ihr. Man besucht in Darmstadt Ausstellungen und Theater, macht die ersten aufregenden Automobilfahrten mit, reitet und fährt begeistert Rad. Die besondere Wonne der beiden jungen Damen sind die Gesangstunden bei Frau Heusler. Julia schreibt darüber:

"Frau Heusler ist eine so merkwürdige Frau, Philosophin und Künstlerin. Ich werde hart angefaßt, Heilgymnastik und Charakterstunden sind es eigentlich für mich."

Julia lernt viele Menschen kennen, überwindet ihre Befangenheit und übt sich im natürlichen und richtigen Benehmen auch gegenüber hochgestellten Persönlichkeiten. So entspricht sie bald den an sie gestellten Erwartungen, und ihre Schwester Bertha kann aus dem nahen Frankfurt in die Heimat schreiben:

25. 6. 1901

".. . Man ist des Lobes voll über Julia, über ihren Takt, ihre jugendliche Frische, ihre Talente, ihren belebenden Einfluß; sie hätte aus Edda schon einen ganz andern Menschen gemacht."

Die in Aussicht genommenen zwei Jahre sind schnell abgelaufen, ja, bereits überschritten. Erbachs haben Julia gern und möchten sie weiter behalten. Wohl bietet die Stellung viele Annehmlichkeiten, zum Beispiel hat Julia zum Jahresanfang, solange Erbachs sich in Darmstadt aufhalten, stets mehrere freie Wochen, die sie privat nutzen kann und zum Teil in Freiburg i. Br. bei ihrer Tante Utta Vincke verbracht hat. Aber ein Lebensberuf kann diese Tätigkeit nicht werden. Julia hat einfach nicht genug zu tun. Sie wird 30. Sie weiß, daß es Zeit ist, ihrem Leben eine bestimmte Richtung zu geben. Sie spürt, daß der fürstliche Lebensstil, an dem sie teilhat und der ihr viel Schönes bietet, im Grunde nicht ihr eigener ist. Sie strebt nach einem Leben in natürlicher Einfachheit, angefüllt mit gestaltender Arbeit der eigenen Hände, bei Menschen, die ihrer bedürfen. So kündigt sie zum Jahresende 1903. Die Fürstin Erbach hat volles Verständnis. Sie stellt es Julia aber frei, jederzeit wiederzukommen, wenn der Entschluß sie reuen sollte. Nachdem Julia noch eine große Fürstenhochzeit in Darmstadt miterleben darf, bei der viele europäische Majestäten zugegen sind und Julia der russischen Zarin vorgestellt wird, kehrt sie in das kleine Arenshorst zurück.

Sie weiß nun, daß sie malen muß. Sie hatte seit Jahren immer gemalt. Aquarell war ihre liebste Technik, Blumen und Landschaften nach der Natur ihre Gegenstände. Alle freie Zeit, die dem Angebundensein in der Familie abzustehlen gewesen war, hatte sie mit Malen zugebracht. Das fiel zu Hause nicht weiter auf, denn fast alle Ledebur-Geschwister waren künstlerisch begabt, wohl von ihrer Großmutter Recke-Gronsfeld her. Der Bruder Carl war ja Maler geworden, und auch Luise hatte eine gute Ausbildung erhalten. An eine berufliche Auswertung ihres Talentes hatte Julia bisher wohl kaum gedacht oder nicht denken können. In Schönberg wird man sie ermutigt haben. Während der Schönberger Zeit jedenfalls war der Kontakt mit dem Freiburger Maler Fritz Reiß [3] zustande gekommen. Julia hatte ihm ihre Arbeiten vorgelegt, und Reiß hatte ihr unverblümt die großen Schwierigkeiten des Malerberufes klargemacht. Er hatte weder zu- noch abgeredet, sondern ihr zunächst bestimmte Aufgaben gestellt, die sie ausführen und ihm später vorlegen sollte. Dazu war bisher keine Möglichkeit gewesen.

In Arenshorst hat sich manches gewandelt, so daß Julia, die auch zugelernt hat, gern zurückkehrt. Wohl ist wieder jemand zu betreuen: Der fast blinde Onkel Clamor v. Ledebur, Halbbruder des Vaters, verbringt nun dort seinen Lebensabend. Aber die Schwester Mathilde hat mit ganz neuem Antrieb das Weben angefangen! Regelmäßig ist sie zu Fuß nach Ostercappeln gepilgert, um in der dortigen Webeschule zu lernen. Da Mamsell und Hausmädchen schon weben können und Lust dazu haben, stehen die zwei Webstühle kaum still. Mathilde nimmt Bestellungen auf Woll- und Waschstoffe an und arbeitet auch für eine Berliner Verkaufsstelle. Dieses handwerkliche Tun ist recht in Julias Sinn, und sie trägt bald mit Vorschlägen zur technischen und geschmacklichen Verbesserung bei.

Aber nicht nur das Weben verbindet Julia und Mathilde ganz neu, sondern sie finden sich auch in der Sorge um ihre Schwester Marie, die seit dem Tode des Vaters eigene Wege gegangen war.

Da Julias Einsatz für Marie die nächsten Jahre weitgehend bestimmt, muß hier auf diese Schwester etwas näher eingegangen werden.

Marie war zwar drei Jahre älter als Julia, aber da die Schwestern bisher etwa 25 Jahre ihres Lebens völlig miteinander verbracht hatten, standen sie sich sehr nah.

Marie war ein besonders anmutiges und phantasievolles Kind gewesen. Alle Geschwister liebten sie und waren traurig darüber, daß es ihnen nicht gelingen wollte, ihr einen glückhaften Lebensweg zu ebnen. Marie entzog sich jeder noch so gutgemeinten Planung. Teils hielt sie sich als Außenseiter fern von der Familie, teils konnte sie es in ihrer hilfsbereiten Art nicht lassen, den Geschwistern in Notlagen beizuspringen, oft zu ihrem eigenen Nachteil.

Ebenso künstlerisch begabt wie Julia, war Marie körperlich ungemein zart und verfügte nicht entfernt über die Spannkraft und Frische ihrer Schwester. Von Ort zu Ort ging ihr Suchen nach günstigen Bedingungen zum Malen, nach Stärkung ihrer Gesundheit, nach geistiger und geistlicher Erleuchtung, die sie in der Theosophie zu finden meinte, sowie nach Verdienstmöglichkeit. Da sich so viele Zwecke einfach nicht vereinigen ließen, gab es Enttäuschungen, Überanstrengungen, schnellen Wechsel.

1902 und 1903 finden wir Marie in der Künstlerkolonie Worpswede eingemietet, um zu malen und bei Mackensen, später bei Clara Westhoff-Rilke Stunden zu nehmen. Sie kann immer nur so lange bleiben, wie ihr Geld reicht. So nimmt sie im November 1903 eine Stelle in Schwarmstedt (Hannover) an. Dort betreibt ein Herr Engelke die Fabrikation künstlerischer Tapeten mit immerhin „20 bis 30 freundlichen Arbeitern''. Marie soll den nur gelegentlich anwesenden Chef als Hausdame betreuen, kann nebenher selbst malen oder nach Belieben Tapeten-Entwürfe machen, die sehr gut bezahlt werden. Aber Marie ist so elend, daß sie schon im Januar 1904 nicht mehr weiter kann und eine gründliche Kur bei Dr. Lahmann auf dem Weißen Hirsch bei Dresden gebrauchen muß.

23   Jetzt springt Julia, obwohl sie das neue Arbeitsleben in Arenshorst ungern unterbricht, persönlich in Schwarmstedt ein, um der Schwester die Stellung zu retten und ihr die Durchführung der Kur zu ermöglichen. Julia ergründet die Verhältnisse sachlich und findet Menschen, Aufgabe und Landschaft besonders erfreulich, durchaus passend für Maries Fähigkeiten. Sie selbst bewältigt den Haushalt mit Vergnügen und entwirft in kurzer Zeit viele Tapetenmuster.

Tatsächlich kehrt Marie nach Schwarmstedt zurück, aber — im April/Mai 1904 hat sie bereits eine neue Aufgabe übernommen, die ihr aus der vorjährigen Bekanntschaft mit Rilkes erwachsen war: Sie betreut eine zeitlang die kleine, damals dreijährige Ruth Rilke. Das Kind befand sich bei den Großeltern Westfhoff in Oberneuland, weil die Eltern keinen eigenen Hausstand mehr führten, sondern damals studienhalber in Rom lebten.

Ein Brief Rainer Maria Rilkes an Marie aus dieser Zeit zeichnet so einmalig lebendig Maries Wesen, das dem von Julia in manchen Stücken ähnelt, daß hier sein Anfang mitgeteilt sei.

Rom, Villa Strohl-Fern am 6. May 1904

„Liebes Fräulein von Ledebur, Clara Rilke hat Ihnen schon gesagt, was uns Ihr lieber Brief ist; ja, was ist er uns? Ein Bericht von seltsamer Beredtsamkeit, mehr als eine Nachricht; eine Botschaft, etwas ganz Unmittelbares. Als ob jemand gekommen wäre uns zu erzählen, selbst gekommen wäre. Den ganzen Tag, den Sonntag, war dieses Gefühl mit uns: Das Gefühl einer Ankunft, die Unruhe, die Bewegung, die in Neues verwandelte Erwartung einer lieben Ankunft. Es gab sogar etwas wie ein Platzmachen, ein Beiseiterücken in meinem Zimmer, als müßte man allerhand zurechtstellen für jemanden, der gekommen ist: einen Stuhl, eine Tasse . . . So war es: es trat so viel Wirkliches aus Ihrem Briefe bei uns ein, eine Stimme, eine Kraft, eine Wärme, ein Mensch; ja als ob ein Mensch gekommen wäre, weither, aber doch ganz frisch und mit einer Menge ferngefundener Feldblumen, für die man ganz schnell einen Krug finden muß; als ob Sie gekommen wären mit vielen Blumen (Frühlingsblumen).

Es ist wahr, wir beide konnten uns nicht erinnern, je einen Brief bekommen zu haben, der sich so gut gehalten hatte, so daß auch nichts Welkes darinnen war, nichts, was nicht sofort wenn man es las aufstand und sich erholte und duftete."

Am 9. May 1904

„Das bezog sich auf Ihren ersten Brief; und nun sind schon wieder zwei andere da, liebe und reichliche Berichte, für die ich Ihnen, liebes Fräulein von Ledebur, wie für jenen ersten danken möchte. Was sind Sie für ein beholfener und hülfreicher Mensch; Sie müssen wissen, daß Sie uns viel sind und daß wir weit und breit keinen Freund haben, um verstehen zu können, wie herzlich wir Ihnen anhängen.

Es ist uns so lieb, daß Sie eine Weile bei Ruth sind; nicht allein, weil niemand so aufmerksam, sachlich und sicher, so bescheiden und ernst an Wirkliches hingegeben, dieses kleine einsame Leben zu entziffern und zu sagen vermöchte, — sondern auch, weil Ihr Dasein mit seiner Ruhigkeit, Gerechtigkeit und bereiten Gutheit, über die kleine Zeit Ihrer Anwesenheit hinaus, einwirken wird und ausstrahlen auf Ruths Lebensanfang und, wie ich mir denke, nachklingen wird in der Hast und Hurtigkeit dieses verstörten, gespenstigen Hauses, in dem so schwer zu wohnen ist. Daß Sie die Geduld haben, die Nachsicht und Weite, eine Weile darin auszuhalten! Wie wünsche ich, daß Sie alle arge und schwere

Das kleine Wasserschloß
Arenshorst bei Bohmte

Marie v. Ledebur

Erinnerung aus diesen Eindrücken vergäßen und leicht und eines lieben Anfangs voll, in das Haus mit den hellen Zimmern kämen, darin Sie nun wohnen werden.

Ich freue mich so, daß Sie an sich denken und an Ihre eigene, eigenste Arbeit; wenn dann Ihre Tage diesen einheitlichen Sinn bekommen haben, zu dem Ihre Kräfte alle wie zu einer Tränke kommen werden, — dann vergessen Sie nicht, manchmal Erinnertes, und besonders Angeschautes, aufzuschreiben; es scheint mir, als müßte dieses für Ihr Leben und seine Fortschritte wichtig sein; denn Ihre Fähigkeit, Geschautes ohne Verlust und Abschwächung zu sagen, wahrzusagen, ist so erstaunlich groß, ist ein Können, das, wie ich glaube, jeden Augenblick Kunst werden kann. Deshalb kann es kein Abweg von Ihren anderen Absichten sein, vielmehr Einklang und Zustimmung für alles, was Kunst werden will aus Ihnen und aus Ihrem Erleben heraus. . ."[4]

Julia erkannte wohl als einzige die feinen künstlerischen Qualitäten ihrer Schwester, und es war ihr klar, daß darum auch nur sie auf Marie würde einwirken und fernere Zusammenbrüche verhindern können.

Aber wie? Im Sommer 1904 ist Julia doch noch einmal nach Schönberg gegangen. Sie kann von dort aus zwischendurch für drei Wochen in Freiburg sein, wo sie wieder bei ihrer Tante Utta Vincke wohnt, nun bei Fritz Reiß Stunden nimmt und intensiv malt. Am Schluß kommt es zu dem noch ausstehenden Urteil des Malers. Julia schreibt darüber an ihre Schwester Else:

Schönberg, 18. 8. 04

,,. . . Ich hab die drei Wochen meinen 24-Blatt-haltigen Block und mehr vermalt, und ich spüre, daß es schafft, und zum Schluß hat Herr Reiß gesagt, er könne mir raten, die Sache am Schopf zu fassen. Es sei bei mir einfach Sache der Energie und des Fleißes, Fleißes, Fleißes. Er hat mir die Hälfte der Stunden geschenkt.

Ich habe nur draußen gemalt, und zuletzt kam ein Ahnen, daß man einmal Herr der Technik werden könne, und dann kommt erst das Wunderbare, daß man etwas Schönes festhalten kann und geben.

Da ab 1. Oktober Erbachs mich sechs Monate entbehren können und wollen, braute ich dies: Einige reizende Räume einer kleinen Villa in Littenweiler (dorfartig), 1/4 Stunde von Freiburg, habe ich mit Beschlag belegt. Marie will sehr gern mitmachen, und ich greife zu einigen Hundert der Sparkasse, und wir machen einen rechten Malpansch, verwerten das bisher Gelernte. Der sehr nüchterne, durch viel Geldnot gegangene Herr Reiß hat meinen Plan gutgeheißen.

Ich denke es für Marie darum günstig, weil wir alle Utensilien gemeinsam gebrauchen können. Wie sie damals meine Farben und Werkzeug sah, bekam sie so Lust zu Erfindungen aller Art. Zu zweit ist der vielerlei Kram dann nicht so schlimm. Hat sie elende Zeiten, so braucht sie sich nicht ängsten und fühlt, daß ihr bloßes Da-Sein für mich Lebensbedingung ist. Ich glaube, sie wird dann nicht mit Sorgen und innerem Anspornen und Verantwortungsangst, worin sie ja so empfindsam ist, geplagt. Herr Reiß wird ihr auch nutzen mit Rat und Urteil.

Tante Utta will mich Anfang Oktober wieder aufnehmen, und den 15. siedle ich über. Also, wie freue ich mich zu arbeiten, kann es oft gar nicht glauben und wundere mich *nicht, wenn all das Glück, welches diesen Sommer schon überwältigend war, durch irgend etwas verhindert wird."*

Nun, wer das Glück beinahe verhindert hätte, ist, wie vorauszusehen, Marie selbst! Sie hat sich bei ihrer erholungsbedürftigen Schwester Luise in Bethel zum Kinderhüten festgemacht! Julia ist etwas traurig, daß sie allein anfangen muß und die schönen Herbsttage ohne Marie dahingehen.

Und wer stellt sich ein, den leeren Platz zu nutzen? Die älteste Schwester Mathilde! Sie hatte ohnehin eine Reise gen Süden vorgehabt, warum sollte sie da nicht zusehen, wo die beiden Jüngsten zu bleiben gedachten? Sie findet das jugendliche Nest entzückend und kann gar nicht wieder wegfinden! In einem Brief an ihre Tante Caroline v. d. Recke in Obernfelde erzählt sie:

Littenweiler, 3. 11. 04

„. . . Hier sind wir nun in Allem eingerichtet und ich muß sagen, es ist alles einzig passend für die Zwei, so versorgt und bequem. — Hoch gelegen ist das Häuschen im Schweizerstil, herrliche Aussicht auf Freiburg und Schwarzwaldberge. Zu unseren Füßen in 5 Minuten der Bahnhof, von wo man für 15 Pf. nach Freiburg fährt, oder Julia radelt und ich gehe 3/4 Stunden bis hinein.

Julias Lehrer lernte ich auch kennen, und seine Schwarzwaldbilder. Er hat ja guten Mut für sie, daß sie bei ihrem Eifer und Fleiß was erreicht. Er macht einen sehr netten, ernsten Eindruck."

Mitte November endlich kommt auch Marie. Die Zeit in Bethel, die sie im Pfarrhaus ihres Schwagers Wilhelm, in unmittelbarer Nähe des alten Vater Bodelschwingh verbracht hatte, war ihr unerwartet eindrücklich geworden. Wie erfüllt sie davon war, erfahren wir aus einem späteren Brief Berthas an ihre Schwester Luise:

Frankfurt/Main, 15. 2. 05

„. . . Das muß ich Dir auch schreiben, daß ich so große Freude hatte an Marie, als sie damals hier durchreiste nach Littenweiler. Du glaubst nicht, was Euer Leben auf sie für einen Eindruck gemacht hat, und wie und was sie mir erzählte!

Wilhelm und die Kinder, glaube ich, haben es am meisten schuld. Sie gab mir Gespräche wieder vom Alten und Wilhelm über geistige, geistliche und sonstige Fragen, daß ich Mund und Augen aufsperrte, daß es Marie war, die das sprach, und mir Sachen mit Liebe und Wärme erzählte, über die sie sonst gelächelt hatte als über etwas längst Veraltetes, Abgetanes. Und nun hat sie bei Euch gesehen, daß Männer dafür leben mit all ihren Kräften: das wahre Christentum.

Ich glaube, Marie bleibt nicht lange in Littenweiler, sondern stellt sich da mit unter, wo's was zu tun und zu helfen gibt und zu lieben."

Gleich nachdem Marie sich eingerichtet hat, schreibt sie an Luise:

Littenweiler, 23. 11. 04

27 *„Liebe Wiete! Die grünen Läden sind geschlossen, und nun sitz ich, Allein-Herr in meinem*

Häuschen. Draußen liegen die großen Berge um mich herum, es sind gewaltige Rücken von Riesen und man hat sich daran zu gewöhnen, noch liege ich unter ihnen begraben.

Aber ist das ein Häuschen, und bequem! Jeder hat seine Schlafstube; eine große Wohnstube ist da. Ein Füllofen, von einem kleinen Flur aus, heizt alles behaglich.

Meine Einnistung ist nun auch fertig, gespannte Rahmen und verlockende Papiere harren auf den Geist! Morgen wollen wir Mathilde zeichnen, damit sie doch was zu tun hat und dadurch angenehmer wird. Es ließen sich spaßhafte Geschichten von ihr erzählen, aber ich unterlasse es, um die vorgenommene milde Stimmung nicht zu entthronen!"

Nach Mathildes Abreise beginnt ein fleißiges Leben. Julia ist darauf eingestellt, neben dem Malen und Zeichnen allerhand „Bestellungen dekorativer Art" auszuführen, womit sie sich etwas verdient. Zum Beispiel macht sie Zeichnungen für Leinenstickerei, die ihr eine Darmstädter Werkstatt gern abnimmt; Bilderrahmen mit besonderem Schmuck werden hergestellt und zwischendurch auch wieder Tapetenmuster entworfen; und Bertha schreibt in die Heimat, daß sie sich in Frankfurt Stühle ansehen will, die Julia ausgestellt hat. Über das gemeinsame Tun berichtet Julia selbst an Else:

Eichberghaus Littenweiler, 2. 1. 05
„Liebe Else, endlich kommst Du an die Reihe. Mit Schreiben ist's das alte Lied, es findet nie Raum im Tag. Heute ist's wirklich kalt von Osten her, und wir heizen zwei Öfen und verhängen Fenster.

Wir waren die Weihnachtstage im Gebirge, wo es bei blauem Himmel und warmer Luft Schnee gab und große Täler und Tannen wie von Paul Mohn. Wie wir wiederkamen, fanden wir Dein Paket, herrlich! Wir fallen täglich über alles her. Wurst, Schinken, Huhn sind schon sehr angegriffen, Quitten und Honigkuchen gleich fort...

Marie hatte einen Buchdeckel für Druck zu machen und kommt tagelang nicht damit zustande. Wenn sie sich von der schlimmsten Niederlage erholt hat und alles abgeschickt ist, muß ich von ihr das Zugeständnis haben, daß aller Geist und Genie und Künstler-Sein nichts hilft, wenn das Schuhzeug nicht in Ordnung ist. Ich meine, das Technische, die gemeine Wissenschaft im Umgang mit Material nimmt sie zu leicht und legt gar keinen Wert darauf.

Ich bin froh, daß sie sich jetzt schon helfen läßt in Dingen, wo man Hilfe bedarf. Es wird die Individualität noch lange nicht damit berührt. Sie sieht jetzt ein, daß nicht weiterzukommen ist, wenn nicht das Einfachste und Kleinste und Langweiligste beherrscht wird. Wir hatten jetzt zweimal zusammen Stunde. Alles, was Herr Reiß sagte, könnte Carl gesagt haben.

Wir müssen noch üben, viel ruhiger und gesammelter zu arbeiten. Durch Mathilde kam mancher Aufenthalt. Es klingt hart, aber Pflichtleben verträgt sich nicht mit Geschwistergenüssen, wie sie Mathilde verlangt und anscheinend bedarf.

Wir freuen uns jetzt furchtbar, in normales Fleißigsein zu kommen. Manchmal erscheint Reiß und kritisiert, was wir hier arbeiten. Aller Art ist es. Es geht aber alles langsam und muß vielleicht noch langsamer und gründlicher werden. Wir wissen noch nicht, wo es hinaus will, aber wir haben guten Mut, und Reiß mahnt zum So-Weitermachen. Ich hatte auch kleine Einnahmen.

Wir fühlen uns beneidenswert und mögen kaum an Deine Kettenschmerzen denken. **28**

Dein Leben dünkt uns das schwerste von allen Geschwistern. Von Erbachs kommen liebende Briefe. Wir sind aber frei voneinander.

Nun ist's hell geworden und das dauert wieder nicht lang, darum Schluß. Tausend Dank und Grüße von uns. Sind die eingemachten Sachen aus Eurem Haushalt von Prinzeß Marie? So danke und sage Gutes und auch was vom neuen Jahr. Deine J."

Ein Brief Julias an Tante Caroline v. d. Recke vervollständigt das Bild vom Leben der jungen Malerinnen:

Littenweiler, 21. 1. 05

„. . . Gleich ist's 9 Uhr, und wir wollen zur Stunde nach Freiburg pilgern. Alles liegt im tiefen Schnee vergraben. Wir malen dann ein Stilleben, Maries Schrecken eigentlich. Aber der Winter bietet ja nichts anderes, und ich finde es so lehrreich, sich in Ruhe den Farben einmal widmen zu können.

Hier gehen wir in die Häuser oder holen uns Menschen zu uns. Gestern nachmittag zeichneten wir bei der 71jährigen Theres, die einen spaßigen kleinen Laden hat und helle, weißgetünchte Zimmer mit messingbeschlagenen Möbeln und gelbgefleckter Katze auf dem Ofen und sorgsam gepflegte Blumen im Fenster und Tauben davor.

Marie ist sehr empfindlich für jede Störung. Je regelmäßiger wir leben, je besser geht es ihr. Unsere eigene Kost bekommt ihr gut, sehr viel Milch und Stippmilch. Eine große Fußtour, die ich von Zeit zu Zeit nötig habe, warf sie für ein paar Tage um. Das war dumm, aber sie wußte es und konnte ihre Lust dazu nicht besiegen.

Alle Mittwoch sind wir ganz in Freiburg, morgens Stunde, Mittag und Ausruhe bei Tante Utta, ein Vortrag und gemütlicher Abend bei Tante Utta. Sie ist wirklich sehr gut zu uns. Wir besehen meist ein schönes Bilderwerk bei ihr."

Nach dem langen Winter ist der Frühling in den Bergen das ganze Entzücken der Schwestern! Sie können wieder hinaus und malen die wilden Blumen, die hier „fast so schön wie in Crollage" wachsen.

Da Marie sich durch das ruhige Verbleiben am gleichen Ort gekräftigt hat und freundliche Nachbarinnen nach ihr sehen werden, wagt Julia, die Schwester im Sommer zu verlassen und eine mit Aufträgen verknüpfte Einladung nach Schlesien anzunehmen. Sie verbringt eine sehr produktive Zeit in Jannowitz und Umgebung — Besitz der verwandten Familie Graf zu Stolberg-Wernigerode bei Kupferberg — und kehrt über Prag und München reisend nach Littenweiler zurück, mit einer reichen Ausbeute lebensfrischer Aquarelle, die sie jetzt in Ruhe verkaufsmäßig herrichtet.

Das Ende der Littenweiler Zeit wird durch äußeren Anlaß herbeigeführt: Der Besitzer gibt das „Eichberghaus" auf, und im Oktober müssen die Schwestern ihre reizende Unterkunft räumen.

Eine Unterredung, die Julia ihrer weiteren Ausbildung wegen kürzlich in München gesucht hatte, scheint zugunsten Berlins ausgefallen zu sein. Jedenfalls entschließt sich Julia, nun als Schülerin Skarbinas nach Berlin zu gehen, genau wie ihr Bruder Carl es bereits vor zehn

Jahren für sie vorgeschlagen hatte! Marie soll nach Freiburg übersiedeln und dort zunächst bleiben, um eine gute ärztliche Behandlung nicht abbrechen zu müssen. Aus Julias Brief an ihre Schwester Else erfahren wir ihre Einstellung:

Littenweiler, 21. 9. 05

„. . . Am 1. November fangen in Berlin Skarbinas Stunden an. So lang bleiben wir ja noch zusammen. Mein Weg ist schön und klar, freue mich entsetzlich. Dies Probejahr hinter mir bereue ich nicht, es war doch sehr fraglich, wie es ausfallen würde, und nun kann ich guten Gewissens in höhere Luft steigen.

Der Monat mit täglich Stunde von 9 bis 1 Uhr ist 50 Mark, ohne Modell. Ich leihe also drauf los, und es wird sich finden, ob ich nebenher abverdienen kann oder im Sommer.

Nein, für wirklich Studieren der freien Kunst, wozu ich bis jetzt noch nicht den Mut und nicht das Geld hatte, genügt mir Herr Reiß natürlich nicht. Ich fasse mir nun ein Herz dazu. Aufhören kann man ja immer. Das ist mir mit der Zeit klar geworden, daß Reiß' Genie im Geschick liegt, aber nicht ganz im Künstlerischen."

Marie schreibt ihrerseits an Tante Caroline:

Littenweiler, 11. 10. 1905

„. . . Wir suchen dieser Tage eine Wohnung in Freiburg, und dann ist das schöne Littenweiler zu Ende. Wir haben hier alles sehr lieb gehabt.

Wir freuen uns sehr zu dem Entschluß Berlin. Julia bedürfte jetzt solch eines Lehrers wie Skarbina, er weiß die Menschen so auf ihr Gebiet zu lenken, und er ist berühmt als Lehrer. Julia war sehr geraten worden, Menschen zu zeichnen, einmal den strengen Formen nachzugehen.

Nachmittags gibt Skarbina auch Aquarellstunde, wenn sie will, kann sie auch jederzeit das fortsetzen. Als wir ihn um Unterricht fragten, antwortete er sehr freundlich und sich meiner erinnernd.

Auch die Anregungen Berlins sind für Julia jetzt sehr nötig, sie muß jetzt was sehen und darin ruhig studieren. Sie glaubt ja, die volle Gesundheit dazu zu haben.

Bis Frau Heusler wohl genug ist, sie aufzunehmen, muß sie sich zu einer Pension entschließen. Wir haben mehrere Adressen von vernünftigen Leuten bekommen."

Und Bertha berichtet ihrer Schwester Else:

Frankfurt, 22. 11. 05

„. . . Julia war hier auf der Durchreise nach Berlin, sehr frisch und munter. Sehr fleißig ist sie gewesen. Jannowitz, Prag, München hat sie bereist. Nun sitzt sie zu Skarbinas Füßen."

Franz Skarbina (1849 bis 1910), der zu seinen Lebzeiten hohes Ansehen als Maler und Mensch genoß, unterrichtete schon in jungen Jahren an der Berliner Hochschule der bildenden Künste und wurde 1888 zum Professor ernannt. Sein Talent war sehr vielseitig. Er war nicht nur ein virtuoser Zeichner und vorzüglicher Aquarellist, sondern er malte auch — im Auftrage — große Ereignisbilder. Seit er in Paris entscheidende Anregungen durch

Vier Kohlezeichnungen aus der Studienzeit
(ca. 46 x 65 cm)

die Impressionisten empfangen hatte, bevorzugte er Darstellungen aus dem täglichen Leben, zum Beispiel bewegte Berliner Straßenszenen, die sehr bekannt wurden.

Er mißbilligte die bis zur Intoleranz konservative Ausrichtung der Berliner Hochschule, deren Leitung seit Jahren fest in den Händen des Hofmalers Anton von Werner lag. So war Skarbina einer der elf fortschrittlichen Maler, die 1892 zur Künstlergruppe der „XI" zusammentraten.

Im Herbst des gleichen Jahres, als die Berliner Ausstellung des expressionistischen Malers Edvard Munch auf die entrüstete Ablehnung weiter Kreise stieß und Direktor von Werner den norwegischen Gast geradezu skandalös behandelte, ja, die Ausstellung vorzeitig schloß, fand Skarbina den Mut zum Protest und gab, zusammen mit seinen Kollegen August v. Heyden und Hugo Vogel, seinen Lehrauftrag an der Hochschule zurück. Nach seinem Ausscheiden unterrichtete Skarbina im Rahmen einer privaten Malschule und hatte weiterhin großen Zulauf.

Als 1899 der Maler Walter Leistikow und der Kunstverleger Paul Cassirer die „Berliner Secession" gründeten, um einer neuen Malergeneration die Möglichkeit zur Ausstellung zu bieten, wurde Skarbina sofort Mitglied. Leistikows Gründung wirkte sich sehr fördernd auf die bis dahin in Kunstangelegenheiten recht anspruchslose Berliner Öffentlichkeit aus. Es wurden nicht nur Böcklin und Leibl, Thoma und Uhde ausgestellt, sondern noch unverstandene Künstler wie Liebermann, Slevogt und Corinth fanden durch die Sezession ihre Anerkennung. Darüber hinaus wagten es Leistikow und Cassirer, die bisher verpönten modernen Franzosen erstmals in Berlin zu zeigen, wie auch einzelne Bilder von van Gogh, die aber zunächst als die Arbeiten eines Irren verlacht wurden.

Die traditionelle „Berliner Große Kunstausstellung" im Glaspalast am Lehrter Bahnhof, die nur brave konventionelle Bilder zugelassen hatte, mußte sich schließlich gegen die gefährliche Konkurrenz wehren und ebenfalls begabte Neuerer aufnehmen. So stellte Skarbina ab 1901 wieder im Glaspalast aus und wurde dort 1905 mit der großen Goldmedaille ausgezeichnet.

Wenn also Julia jetzt „zu Skarbinas Füßen" sitzt, wie ihre Schwester Bertha es ausgedrückt hatte, so ist das keineswegs eine bequeme oder romantische Lebensform. Im Gegenteil, nach dem zwar sehr fleißig aber doch mehr idyllisch verbrachten Schwarzwälder Studienjahr tritt die Kunstübung jetzt mit erhöhten Anforderungen und bisher kaum geahnten aufregenden stilistischen Problemen an Julia heran.

Der Unterricht in der Malschule geht zunächst noch wie üblich einher: Vormittags Kopfzeichnen in Kohle nach Modell, nachmittags Akt- oder Gewandstudien. Die Aquarellstunden, die Skarbina nachmittags gibt, werden mehr und mehr für Julia besonders fördernd. (Zahlreiche, sehr gekonnte Studienblätter sind erhalten.) Doch lesen wir, was Julia selbst aus der Anfangszeit in Berlin schreibt:

Berlin, Nettelbeckstr. 6, den 10. 12. 05
„Liebe Else, ja, wir leben alle recht eifrig, daß die Feder nur so gepeitscht werden muß.
Mir geht es über Erwarten gut, besonders seit ich endlich mein klein richtig Zimmer bezo-

Aquarellstudie nach Modell
aus dem Unterricht bei Franz Skarbina
(32 x 47 cm)

gen habe. Frl. v. Stosch sehr hold und billig zu mir mit 90 Mark monatlich, und alles ist wirklich gut und die Menschen sehr anständig und ganz nett, meist studierend Volk. . .

Stunden herrlich, jeden Tag von 9 bis 1 Uhr und nachmittags oft auch. Ich zeichne noch mit Kohle oder Blei und spüre Weiterkommen. Werde oft hart getadelt, einmal etwas Ermutigung. Mit dieser Art ist wenigstens nichts verloren, ich muß aber doch ratschlagen und meine Ziele erwägen. Man verliert sich ganz in der Wonne der Arbeit. Es strengt ziemlich an. Man muß recht hart sein gegen Bekannte und Verwandte, die ringsum gaukeln, manchmal aber sehr angenehm sind. Ja, Läden schön. Aber — Augen zu!

Freitag vor Weihnachten hoffe ich, nach Dünne zu Adelheid zu fahren, für 3 Tage! O Leichtsinn. Aber sie wünscht stark und gibt auch. Und es ist sehr erholend für mich.

Ich wünsche nichts —, es sei denn Briefmarken oder Geld zu Briefpapier. Ein Wäschebeutel fehlt mir und immer bares Geld. Marie ist immer empfänglich für Honigkuchen und Geld.

Ein schönes Weihnachtsbuch empfehle ich: „Albrecht Dürer, von Heinrich Wölfflin". Etwas wirklich Schönes, in diesen Tagen erschienen. Ich kenne es zwar noch nicht, aber der Verfasser beseelsorgert mich etwas in Kunst, er ist hier Professor an der Universität. Lerne manch nette Menschen kennen.

Heute zum ersten Mal im Kaiser-Friedrich-Museum, nur sonntags Zeit dafür. Zu schöne Dinge."

Wie aus dem Brief hervorgeht, hat Julia bald Eingang im Hause des Kunsthistorikers Heinrich Wölfflin gefunden. Sie wird dort ganz neu zum Sehen und Denken vom kunstgeschichtlichen Standpunkt aus angeleitet. Ob es Julia zeitlich möglich gewesen ist, auch die Vorlesungen Wölfflins regelmäßig zu hören, ist nicht sicher. Jedenfalls hat sie sich saubere Nachschriften verschafft und durchgearbeitet.

Eine passende Unterkunft läßt sich schwer finden, denn es darf ja nicht viel Geld ausgegeben werden. Julia wohnt zunächst in einer Pension, dann kurz bei ihrem Onkel Udo v. Bodelschwingh. Sie hatte gehofft, daß ihre von Schönberg her verehrte Gesangspädagogin, Frau Heusler, sie aufnehmen würde. Aber dazu ist es leider nicht gekommen. Ob Frau Heusler ihre ehemalige Schülerin der Familie Salomon anempfohlen hat? Jedenfalls wohnt Julia 1906 in diesem sehr kultivierten jüdischen Hause. Ja, Frau Salomon findet Gefallen an Julia und wünscht im stillen, sie für immer zu halten. Julia hat sehr viel Anregung und tut Einblicke in ganz andere Lebenskreise. Die häuslichen und gesellschaftlichen Verpflichtungen, die mit diesem möglicherweise unentgeltlichen Wohnen verknüpft sind, nehmen allerdings sehr viel Zeit in Anspruch.

Anfang 1907 ist es endlich auch Marie möglich, nach Berlin zu kommen. Diesmal gibt sie den Anstoß zum Zusammenziehen der Schwestern. Marie hat ein ungewöhnliches Zimmer gefunden: Es liegt hoch im Dachgeschoß des Hauses Ringbahnstraße 20 (Wilmersdorf, nahe Westkreuz) und hat ein riesengroßes, halbkreisförmiges Fenster, das viel Helligkeit hereinläßt und einen freien, weiten Blick bietet. Julia ist begeistert, muß sich nur erst von Frau Salomon lösen. Sie schreibt deswegen an Tante Caroline:

Berlin W, 18. 2. 07

„. . . Marie und ich wünschen uns sehr, zusammenzuziehen. Dem Gelde nach können wir

es, und es ist doch der natürlichste Weg. Hinzu kommt, daß mir das Leben bei Frau Salomon zu anstrengend wurde. Wenigstens mag ich nicht noch rücksichtsloser zu ihr sein, wie ich jetzt schon bin. Meine Arbeit würde das aber immer mehr fordern. Die fordert eben Einsetzung aller Kräfte und Sammlung.

Nun ist die gute Frau Salomon außer sich, daß ich fort will. Ihre Kinder sagen, daß sie sich ganz an mich gewöhnt habe und mich liebgewonnen. Sie hat gemeint, ich würde lebenslänglich bei ihr bleiben und sie wolle mich im Testament bedenken. Das ist mir natürlich alles unmöglich und hieße, meinen Beruf aufgeben oder zwei Herren dienen.

Zum 1. März mußte Marie die Wohnung nehmen, und ich sehe nicht gern sie allein dort einziehen, weil es nicht innerhalb einer Etage mit Menschen ist. Und überhaupt dränge ich aus äußeren und inneren Gründen zu dem Zusammenziehen.

Nun geht es Frau Salomon gar nicht gut: ihre Freundin, die noch bei ihr ist, muß jeden Tag vielleicht zu einer Operation fortreisen; die Köchin geht zum 1. März. So stehen Frau Salomon schlimme Übergänge bevor, und ich fürchte, ich muß aus Dankbarkeit und aufrichtiger Liebe noch bleiben ... (hier folgt Julias Anfrage, ob vielleicht ihre Schwester Mathilde bei Frau Salomon einspringen könnte).

Frau Salomon lebt sehr regelmäßig, und Mathilde würde manch freie Stunde für sich haben. Sie könnte auch oben in meinem geliebten Olymp arbeiten und in dem nahen Tiergarten lesen und wandern und unser Treiben ansehen.

Ich schreibe nichts Näheres über Frau Salomon etc., da ich selbst nicht glaube, daß es zur Ausführung solcher Gedanken kommen kann. Du und Frau Salomon seid zwei verschiedene Welten, und für mich war es interessant, Euren Briefwechsel, worin so gar kein Begegnen möglich ist, zu beobachten. Und doch gibt es Zusammenhänge.

Gleich gehe ich auf mein Schulbüro, um mein ganzes Schulgeld mir wiedergeben zu lassen. Wohlwollende Lehrer und Lehrerinnen haben mir aus Interesse für mein Fortkommen und da sie finden, daß Gott Gaben schenkte, diese Art Stipendium erwirkt. Herr Schnepel lachte laut vor Mitfreude bei der Verkündigung, die mich augenblicklich sehr überraschte.

Marie ist sehr wohl. Ihre Mitarbeiter finden, daß sie eilende Fortschritte macht. Wir teilen uns im Fluge unsre vielen Erlebnisse und unser Glück mit. Ich darf kein Wort mehr schreiben, die Zeit ist um."

Wie Julia sich bei Frau Salomon abgelöst hat, ist nicht bekannt. Mathilde jedenfalls konnte nicht einspringen. Aber der Umzug kommt zustande. Marie berichtet aus der Ringbahnstraße:

Berlin, Ringbahnstr. 20, 26. 3. 07
„. . . Unser Leben hat sich nun eingerenkt, wir wohnen im schönsten Dom unter dem Himmel, nachts sehen wir die Sterne über uns und die Sterne der Menschen, die tausend Laternen unter uns, vom Bett aus.

Am Tag geht jeder seinen Weg, und schmal ist der Weg, der zum Leben führt. Dilettantisches Treiben ist nun natürlich längst ausgelöscht."

Ein fröhliches Zusammenleben beginnt. Beide Schwestern stehen gern sehr früh auf und erledigen ihre Haushaltssachen, ehe sie zu ihren verschiedenen Malstunden aufbrechen.

Wenn sie auswärts essen, bleiben sie meistens hungrig und sind dann glücklich, aus den heimatlichen Paketen etwas nachlegen zu können. Rührend fast ist ihre dankbare Freude an den einfachen Dingen, die ihnen die Geschwister oder die Tanten schicken: Äpfel, Pflaumenmus, Schwarzbrot, Schneeglöckchen. Else, nun schon über 20 Jahre Hofdame, legt auch manchmal ein Kleidungsstück von sich ein. Marie und Julia können aus allem etwas machen. Sie sind geschickt und richten ihre Garderobe überhaupt weitgehend selbst.

Im Hochsommer ist in Berlin kein Unterricht, da geht alles fort. Den Schwestern stehen für diese Zeit viele Geschwister- und Verwandtenhäuser offen, und besonders für Julia gibt es allerhand Aufträge. So hat sie in verschiedenen Jahren wechselweise in Glücksburg, Louisenlund, Dönhofstedt, Wernigerode, Wolfsburg, Kloster Drübeck, Kloster Marienberg und wiederholt in Jannowitz gemalt.

Im Herbst 1907 treffen Julia und Marie wieder in ihrem hochgelegenen Gemach zusammen, das sie allerdings jetzt mit Tüchern und Vorhängen etwas unterteilen müssen, um den Heizraum zu verkleinern und die Zugluft abzuhalten. Ja, auf ihre Bitte kommt „ein Bruder aus dem Arbeitshaus im hohen Norden" und dichtet ihre Fenster mit Strohkränzen ab. „Er fühlte sich sehr wohl bei uns und kannte Bethel und die ganze Heimat", berichtet Marie.

Die Schwestern sind gerade rechtzeitig zurückgekommen, um noch Bilder von Cézanne, Matisse und Munch zu sehen, die Cassirer ausstellt. Marie schreibt an Tante Caroline:

Berlin, 3. 11. 07
„Der Sonntag ging wieder schnell dahin, und um 1/2 7 kam Julia so begeistert von einer Ausstellung — die noch den Abend ganz geschlossen würde —, daß ich mich schnell mit ihr noch einmal hinausmachte. Es waren Bilder von Franzosen. . ."

Über Weihnachten bleiben Julia und Marie in Berlin. Sie haben einen mannshohen Wacholder ergattert, das ist ihr Weihnachtsbaum, unter den sie die heimatlichen Gaben legen: Backobst, Nüsse, Honigkuchen und Kalender. Sie bereiten sich kein Idyll. Zu sehr haben sie in diesen Wochen wirkliche Not von nahem miterlebt: Eine benachbarte Familie mit drei kleinen Kindern war unverschuldet an den Bettelstab gekommen, und die jungen Malerinnen hatten sich derart tatkräftig ihrer angenommen, auch unter Einsatz der eigenen finanziellen Mittel, daß sie ihren Wirt um Stundung der Miete bitten müssen, und daß Marie wieder kleine Werkarbeiten herstellt, um etwas einzunehmen. Von ihrem Einsatz für diese Familie berichtet Marie in dem oben schon angeführten Brief:

„. . . Man hat viel von diesen tapferen Menschen, die im Schwersten immer Glauben behalten. Dies ist nur eine dieser bedrängten Familien! Wir haben bei all unsern Bemühungen, ihnen von der Gemeinde oder sonst Hilfe zukommen zu lassen, leider wieder erfahren, wie unzureichend, mißverstehend, wie falsch — also eigentlich gar nicht — Hilfe da ist, bei all den prangenden Einrichtungen."

Julia und Marie haben nicht etwa in weltfremder Mildtätigkeit Zeit und Geld an Unwürdige verschwendet, sondern haben die Zuverlässigkeit ihres Schützlings sowie die Rentabilität des Geschäftes von einem Sachverständigen sorgfältig prüfen lassen. Da das Ergebnis günstig war, lassen die beiden auch nicht nach, als der „Schirmmacher", wie sie ihn nennen, bei der allgemeinen geschäftlichen Flaute noch einmal in eine ernste Krise kommt und Frau und Kinder durch die Entbehrungen zu kümmern beginnen. Marie schreibt nach Bethel an ihre Schwester Luise v. Bodelschwingh:

Berlin, Ringbahnstr. 20, 28. 3. 08

„. . . Wie gerne ließe man das Malen und träte praktisch gründlich in die Lücke, – aber wir müssen doch auch sehen durchzukommen, und all diese Gänge und Wege, ja meist vergeblich, sind teuer für uns, sehr teuer.

Die wesentliche Hilfe wäre jetzt, den Leuten körperlich weiter zu helfen. Die Juden und großen Leute, die Julia kennt, mag sie nicht angehen; Armenpflege kann man nicht in Anspruch nehmen, weil die mit solchem Geklapper gibt, daß es gleich alle Nachbarn wissen und das Geschäft darunter leidet; außerdem wird ja durch Annahme solcher Gaben der Mann für zwei Jahre stimmunfähig, bei Wahlen.

Es gehört schon sehr viel Kraft dazu, hier in Berlin diese Bedürfnisse zusammenzubringen. Die Pastoren haben keine Zeit und finden solche Fälle immer noch nicht schlimm genug. Es ist schrecklich, wie nur am Ende erst geholfen wird, wenn eigentlich nicht mehr zu helfen ist. Die Gemeindeschwester brachte einmal ein völlig verschnittenes, an Tee-Abenden gemachtes ungesund-farbenes Kinderkleid und eine Windel, ich glaube, von Pappe.

Ich schreibe dies alles mit der Bitte, es Onkel Friedrich oder Sohn Friedrich vorzutragen; und Nahrung oder Kleider, ohne daß es noch wehtut, abzustoßen; was Du ihnen tust, hast Du uns getan. Oder ihr sagt uns noch Menschen, die wir hier anbetteln dürfen."

Julia und Marie müssen einen Geldgeber gefunden haben. Denn ein Konkurs des Schirmmachers würde den Fortgang ihres Studiums in Frage gestellt haben, da sie ihre Rücklagen in das Schirmgeschäft gesteckt hatten.

Die jungen Malerinnen haben ein empfindliches soziales Gewissen, das ihnen nicht erlaubt, ausschließlich ihrer Kunst zu leben, ohne die Wirklichkeit um sich herum zu sehen. Während sie von den üblichen Methoden kirchlicher Wohltätigkeit sowie staatlicher Wohlfahrtspflege enttäuscht sind, werden sie stark beeindruckt von dem leidenschaftlichen Einsatz des nun schon 75-jährigen Vater Bodelschwingh für die Berliner Obdachlosen. Die jungen Damen wagen es, dem alten Vater in die „Palme", das größte städtische Obdachlosen-Asyl im Norden Berlins, zu folgen, das Bodelschwingh selbst zu den dunkelsten Orten dieser Welt rechnete. Marie schreibt an ihre Schwester Luise:

Berlin, 26. 3. 07

„. . . Viel gäbe es noch zu erzählen; neulich mit Vater Bodelschwingh in der Palme, unvergeßlich. Danke es ihm gelegentlich. Ein Tag, der zur Ewigkeit gehört."

Berlin, 15. 2. 08

„. . . Euren Vater sah ich gestern zwischen vielen eifrigen Köpfen in der Potsdamer Str. 9 sitzen. Wir stahlen uns nach einem Vortrag hinein, Julia und ich. Ich muß morgen ihn besuchen, aus Heimweh und Liebe, beim ersten Frühstück kann man an ihm vorübergehen."

In ihrer kleinen Häuslichkeit geht es darum aber keineswegs gedrückt zu. Der Malerbruder Carl berichtet über seinen Besuch in der Ringbahnstraße:

Zschachwitz, 16. 3. 08

,,. . . In Berlin war ich kurz. Die englische Ausstellung war interessant zu sehen, nur ist sie lange nicht so bedeutend, wie man sie gemacht hat. . .

Zu Tisch fuhr ich nach Wilmersdorf. Ich war noch nicht dagewesen und war auf die Wohnung unter dem Dach sehr gespannt. Diese ist ja ärmlich genug, aber doch so originell und anständig, daß man seine Freude daran haben kann.

Von den Schwestern habe ich auch einen sehr netten Eindruck, beide sehen besonders wohl aus. Ein schön gedeckter Tisch mit allen möglichen Kostbarkeiten stand bereit, ich war nämlich zum ,,Diner" eingeladen. Und als der im grünen Frack befindliche achtjährige Diener — ein verkleidetes Kind des Schirmmachers — mit großen weißen Handschuhen den ersten Gang servierte, ging die Tür auf und Albrecht trat herein; beim zweiten Gang erschien auch Gerhard. Das war denn eine große Lustbarkeit, weil ich den Schwestern geschrieben hatte, sie möchten der Billigkeit und meines kurzen Aufenthaltes wegen den Brüdern meinen Besuch nicht verraten. So war's mir aber auch sehr recht.

Julia scheint gute Fortschritte zu machen, sie wird schon ihren Weg gehen. Von Marie habe ich wenig gesehen, sie hatte ihre letzten Arbeiten bei ihrem Lehrer."

Wie man auch aus diesem von Carl beschriebenen fröhlichen Treffen entnehmen kann: Der Zusammenhalt des großen Geschwisterkreises war einzigartig. Alle Gelegenheiten, sich zu sehen, wurden wahrgenommen, auch der Briefverkehr war lebhaft. Und wer nicht immer direkt schreiben konnte, der hörte doch über die zentrale Stelle, Tante Caroline, an die alle fleißig schrieben, vom Ergehen der andern.

Im Grunde vertrugen und verstanden sich alle großartig, waren sie doch in gleicher Weise von Elternhaus und Heimat geprägt. Zudem war ihnen allen angeboren, was man heute Kreativität nennt.

Die Lebensbereiche von vier Schwestern wiesen darüber hinaus eine gewisse Ähnlichkeit auf: Es gab zwei Diakonissen und zwei Pfarrfrauen! Adelheid nämlich hatte sich 1902 mit dem zweitältesten Bodelschwingh-Sohn Gustav verheiratet und war Pfarrfrau in Dünne bei Bünde geworden.

Nur die vier jüngsten Geschwister unterschieden sich in ihrem Stil von den anderen. Marie blieb, wie früher schon berichtet, stets Gegenstand der Besorgnis, während man sich über Julia gelegentlich ärgern mußte! Als stärkste Persönlichkeit unter den Jüngsten war Julia am deutlichsten über die schützende Hürde der heimatlichen Minden-Ravensbergischen Geisteshaltung gesprungen, in der die sechs älteren Schwestern lebenslang verblieben, ganz ohne sich an ihrer Entfaltung gehindert zu fühlen.

Die Älteren, an überkommene Maßstäbe der Schicklichkeit gewöhnt, konnten sich Julias Studentenleben in einer ,,Bude" nur schwer vorstellen. Luise zum Beispiel mußte sich sehr wundern, als sie ihre Schwestern einmal überraschend in Berlin besuchen wollte: Auf der steilen Stiege zu dem berühmten ,,Dom" war kein Weiterkommen, weil zwei fröhliche junge Damen, beladen mit Kissen und allerhand Bettwerk den engen Durchgang versperrten. Marie und Julia waren es, die wegen der glühenden Sommerhitze unter dem Dach kurzerhand beschlossen hatten, ihre Lagerstatt im Grunewald aufzuschlagen! Solche Streiche mochten noch hingehen und wurden im Geschwisterkreise, wo es an Humor ja nicht fehlte, zwar verrückt gefunden, aber doch belacht. Kummer und ernste Besorgnis kamen jedoch auf, als man sich zuflüsterte, Julia sei aus der Kirche ausgetreten. Allerdings wußten die Geschwister nicht, daß ein solcher Schritt von Julia wohl beschlossen, aber nie rechtskräftig vollzogen worden war.

Für das Verständnis von Julias revidierter Kunstauffassung fehlten in der Familie, abgesehen von Bruder Carl, vorläufig die Voraussetzungen. Man sah mit Argwohn Julias unbefangenen Umgang mit Künstlern, die sich mehr oder weniger von der althergebrachten akademischen Malweise freigemacht hatten. Julia war mit Lovis Corinth persönlich bekannt und hat ihn in späteren Jahren oft als ihren Lehrmeister bezeichnet. Ob ein regelrechter Unterricht stattgefunden hat, läßt sich heute nicht mehr feststellen. Daß Julia sich in den Berliner Jahren zu größerer Freiheit der Auffassung entwickelt hat, ist unverkennbar.

In der Heimat fand man sogar ihren Verkehr im Hause Wölfflin nicht unbedenklich, nachdem bekannt geworden war, daß der Kunsthistoriker gelegentlich der Großen Berliner Kunstausstellung den Versuch gemacht hatte, seine Majestät den Kaiser in geschmacklicher Hinsicht zu bekehren! (Wilhelm II. war der neuen Malerei gegenüber entschieden ablehnend eingestellt.)

Bei ihrem zupackenden Temperament bezog Julia sehr rasch Stellung und machte aus ihren modernen Ansichten keinen Hehl. Wie sie ihren Schwestern zugesetzt haben mag, kann man sich gut vorstellen, wenn man Berthas Klage in einem Brief an Luise vernimmt:

„. . . Julia blieb bei mir die Nacht. Wir gingen zusammen in die Bildergalerie. Ihre Ansichten, die sie äußerte, waren haarsträubend, und länger wie einen Tag und eine Nacht hätte ich es nicht aushalten können, es schnitt einem durchs Herz."

Auch auf anderen Gebieten konnte Julia ihren Gesprächspartnern „unglaubliche Behauptungen" entgegenschleudern, und in ihren geschwind geschriebenen Briefen wird sie sich ebensowenig vorgesehen haben. Jedenfalls sind aus dem Familienkreis jetzt oft tiefe Seufzer über Julias „böse" Briefe zu hören. Aber die Geschwister waren erwachsene, lebenserfahrene Menschen, die das Andersdenken der jüngsten Schwester, auf deren guten Kern sie trauten, gefaßt aufnahmen und einer Entfremdung keinen Raum gaben.

Gegen Ende der Sommerpause 1908 finden wir Julia malend in Louisenlund (Schleswig-Holstein) bei ihrer Schwester Else. Diese berichtet davon an Tante Caroline:

Louisenlund, 2. 10. 08
„. . . Julia hier zu haben, ist mir und auch Prinzeß Marie eine Freude. Sie ist sehr fleißig und gewissenhaft mit ihrer Zeit. Dabei frisch und fröhlich. Ihre Sinnesrichtung ist ja leider unserer Überzeugung völlig entgegen, wie wir es ja wissen. Ich dringe nicht in sie, sondern warte, bis sie anfängt, was sie öfter tut. Es macht mich oft sehr traurig, treibt aber zum

Ernst, zum Wachsein und zur Heiligung des eigenen Lebens und zur Fürbitte, und das ist die größeste Macht, die es gibt, und kann Berge versetzen.

Julia findet es hier sehr hübsch, und ich glaube, sie ist gern bei uns. Sie hat völlige Freiheit und genießt das sehr."

In Berlin wieder angekommen, bemüht sich Julia, die in Louisenlund gemalten Sachen auszuwerten und in besserer Form zurückzuschicken. Aber es will ihr nicht gelingen. Sie schreibt:

Berlin, Ringbahnstr., 1. 12. 08

". . . Ich bin eben in lernendem Stadium, und es geht mir gegen alle Haare, auf Lohn zu rechnen. Wenn man so im Experimentieren steckt, verträgt es sich zu schlecht. Skarbina sagt dazu: Das haben alle durchgemacht, und man soll ruhig mit Anfängersachen verdienen. Ich sprach mit ihm eingehend, und er fand Linden und Haus ganz auf dem richtigen Wege. Nur stecke alles im Anfang, und ich stände vor einem Berg, den ich allein durchdringen müßte.

Er riet mir, für mich allein zu arbeiten und ihm von Zeit zu Zeit zu zeigen. Ich hätte viel zu vieles gearbeitet, zu wenig eines fundierend. Ich fühle, wo ich einsetzen muß, und ich bin eigentlich sehr froh, denn ich war recht mutlos.

Willst Du die Barmherzigkeit haben und diese Bilder in eine Mappe legen, erinnernd an eine für mich sehr schöne Zeit. Es hält mich jetzt sehr auf, daran herumzumurkseln, und besser würden sie schließlich gar nicht werden. Einrahmen darfst Du sie wirklich nicht.

Eigentliches Programm ist hier: still Stubenecken malen, solang, bis ich in Dreh gekommen bin. Wenn es „flutscht", wie Du sagst, wird es Frühling sein, und da brenne ich schon auf hübsche Sachen draußen, zum Beispiel Tegel, wo Humboldt lebte, von dem ich die Briefe las. Und in Potsdam und hier ist viel zu tun, was mir liegt. Das muß dann Geld bringen. Zwei Aquarellnachmittage bei Skarbina sind mir sehr wert.

Von Leistikow eine Ausstellung (er hat sich erschossen, schwer leidend war er) von Landschaften, die würdest Du auch über die Erde hinausgehend finden. [5]

Bei manchen Dingen sagen wir, daß sie Dir Freude machen würden. In der Singakademie hörte ich das Requiem von Mozart, was ich im Schwarzwald mal mitgesungen habe.

Marie ist höchst geschäftig. Für ihren Beruf finde ich keinen Namen."

Der Tod des alten Onkels Clamor v. Ledebur am 12. 9. 1908 bringt einige Änderungen mit sich, die zunächst nur die älteste Schwester und den jüngsten Bruder zu betreffen scheinen: Mathilde wird wieder einmal frei und schließt Arenshorst zu, und Albrecht erbt eine kleine Summe, mit der er sich in Waltersdorf (Schlesien) ein altes Weberhaus kaufen kann. In den östlichen Ausläufern des Riesengebirges ist das Haus sehr schön gelegen. Julia hat es oberhalb von Jannowitz entdeckt und, wie sie schreibt, „durch häufiges Abmalen erst herbeigezogen". Es ist altertümlich und originell, mit Strohdach, aber ziemlich verwohnt. Albrecht will es sich, weitgehend in Selbsthilfe, zurechtbauen. Er bittet Mathilde, mit ihm ganz dorthin zu ziehen. [6]

Tatsächlich geht es im Frühjahr 1909 mit dem Bauen los. Die beiden ungleichen Geschwister hausen behelfsmäßig zwischen Schutthaufen und schuften, bis sie abends todmüde

Faksimile einer Briefseite
des Briefes vom 1. 12. 1908

niedersinken. Aber Mathilde, trotz ihrer 51 Jahre, hat das größte Vergnügen an dieser Aufbauarbeit, und Albrecht kann seine besonderen praktischen und gestalterischen Gaben bestens anwenden. Die beiden lernen in Jannowitz den Architekten Schultze-Naumburg kennen, der sich sehr für ihren Bau interessiert und ihnen aus Freundlichkeit Zeichnungen für Einzelheiten macht.

Das Waltersdorfer Haus, so fernab es liegt, soll bald für Julia und Marie Bedeutung gewinnen: In ihrem geliebten „Dom" in der Ringbahnstraße erscheint im Mai 1909 die Baupolizei und erklärt, daß es nach neuesten Bestimmungen verboten sei, so zu wohnen, sie müßten räumen! (Wahrscheinlich war das Zimmer nur über unausgebauten Bodenraum zu erreichen). Also gehen die Schwestern auf die Suche nach einer anderen, nun doch getrennten Unterkunft. Es scheint aber, als ob Marie nicht mehr aufs neue in Berlin Fuß gefaßt hat.

In Schlesien ist nämlich gleichzeitig das Haus soweit fertig geworden, daß Albrechts erlesener Hausrat aufgestellt werden kann. Marie muß kommen und dabei helfen, denn des Bruders Urlaub ist abgelaufen. Später holt auch Mathilde ihre Möbel samt Webstuhl aus Arenshorst.

Marie bringt so günstige Eindrücke nach Berlin zurück, daß die Schwestern ernstlich überlegen, ob sie für länger nach Waltersdorf übersiedeln sollten. Es wäre tatsächlich das Nächstliegende und Billigste. Ihre Sorge ist einzig, ob sie sich mit Mathilde vertragen werden, in deren neugeschaffene Heimat sie damit zusätzlich einbrechen. Julia schreibt an Else:

Wilmersdorf, Ringbahnstr. 20, 9. 7. 09
„. . . Es kann alles so wunderhübsch da oben werden, und für vieles ist Mathilde so gut. Wir wollen sie nun als unsern Schleifstein betrachten und Schicksal.

Es soll so sehr viel Hoffnungsvolles da oben wachsen können, da Marie doch findet, daß es immer noch über die Maßen schön zu leben dort sei."

Wirklich gehen die Schwestern nach Schlesien. Noch ist vieles unfertig, aber im Sommer spielt das kaum eine Rolle. Julia kann fleißig und unangefochten malen.

Doch auf dieses sommerliche Idyll fallen schon im August ernste Schatten: Der Bruder Gerhard, im Alter zwischen Marie und Julia stehend, überall beliebter Oberleutnant im 5. Garderegiment zu Fuß in Spandau, erkrankt schwer und, wie es sich herausstellen soll, unheilbar. Auf Veranlassung der in Bethel lebenden Schwestern — inzwischen waren auch Gustav und Adelheid auf Wunsch von Vater Bodelschwingh in die Anstaltsarbeit eingetreten — wird Gerhard zunächst dort behandelt. Marie stellt sich zur Betreuung des Bruders in Bethel ein, übernimmt dann den Patienten ganz und reist Ende November mit ihm nach Waltersdorf.

Mathilde, „das gute, aufopfernde Herz", hatte geschrieben: Kommt hierher! — Aber es ist inzwischen Winter, und der Alltag in dem Künstlerhaus, das nicht gerade für Krankenpflege gedacht war, wird bitter schwer, besonders für die zarte Marie. Der Schneesturm pfeift **42** durch Fenster und Türen, so daß allabendlich die Ritzen verstopft werden müssen, wenn man nicht erfrieren will. Und als dann Albrecht zu Weihnachten in sein Haus kommt und auch Julia die Feiertage hier verbringen will, sind fünf Geschwister beisammen, und sie kommen an die Grenze dessen, was friedlich zu ertragen ist.

Obwohl diese Ereignisse Julia sehr bewegen, hat ihr Studium kaum Unterbrechungen erfahren. Es war ja auch Marie, die sich in der notvollen Lage zur Verfügung gestellt hat. Julia kann sogar im Herbst 1909 eine sehr anregende, wieder mit Malaufträgen verknüpfte Ungarnreise antreten.

Gern wäre Julia zum Wintersemester 1909/10 an einen anderen Studienort gegangen. Aber als der ihr seit Jahren bekannte Maler Fritz Burger eben zu diesem Zeitpunkt eine eigene Malschule eröffnet, zu der sie übergehen kann, bleibt sie in Berlin.

Burger, geb. 1867, war als schon anerkannter Maler 1905 von Basel nach Berlin übergesiedelt. Julia traf ihn im Hause von Professor Wölfflin wieder, von dem Burger ein damals vielbeachtetes Porträt gemalt hatte. Julia ist seitdem mit Burger und seiner Frau Sophie, einer Bildhauerin, befreundet. Möglicherweise hat Julia schon innerhalb Skarbinas Malklasse Unterweisung durch Burger erhalten. Jedenfalls kann sie nun viel freier, weniger schulmäßig, arbeiten, und auch das Honorar entfällt unter Freunden.

Julia hat inzwischen so viel technische Sicherheit erlangt, daß sie ihre Darstellungen nach geringster Bleistiftandeutung auf Anhieb zu Papier bringen kann, ohne lange zu quälen, zu waschen und zu übermalen. Das gibt ihren Aquarellen das Klare, Frische, Erfreuende. Dies entspricht ihrer Wesensart, und darum hat sie auch nicht die mindeste Lust, sich mit der viel kompakteren Ölmalerei einzulassen. Julias Malweise ist rasch, so wie die Wasserfarben es verlangen. Sie weiß sich zu konzentrieren, daranzubleiben, fertigzumachen, auch wenn es schwerfällt.

Darin ist sie ihrer Schwester entscheidend überlegen. Marie, trotz hoher Begabung, besonders für die Erfassung der menschlichen Gestalt, auch in der Bewegung, wird von Hindernissen und Müdigkeit sofort umgeworfen; dann bleibt auf dem schönsten Bild eine Stelle unausgeführt, einfach weiß, in der Hoffnung, später wieder darangehen zu können, wozu es dann nie kommt.

Die Krankheit des Bruders treibt Julia doch um. Sie diskutiert heftig mit den Geschwistern darüber, ob es recht sei, Kranke in Anstalten unterzubringen, sofern in der Familie die Möglichkeit zur Pflege gegeben ist. Sie steht auch zu ihrer Meinung: Nachdem im Frühjahr 1910 Mathilde den Bruder von Waltersdorf nach Crollage zurückgebracht hat, reiht sie sich, abwechselnd mit ihren jeweils abkömmlichen Schwestern, in die Pflege ein. Das gibt diesem Sommer 1910 eine Unstetigkeit. So entschlossen Julia zu weiterer künstlerischer Arbeit nach Berlin strebt, wo sie sich erneut eingemietet hat: Die Verhältnisse zwingen sie immer wieder nach Westfalen, nach Bethel, zurück.

Hier stirbt am 2. April der alte Vater Bodelschwingh, weltweit betrauert. Julia nimmt an der großen Begräbnisfeier teil und erlebt wenig später, daß dem jetzt 33jährigen jüngsten

Sohn, Fritz v. Bodelschwingh, der in den letzten Jahren schon der Stellvertreter des Vaters gewesen war, die schwere Last der Gesamtanstaltsleitung übertragen wird. Julia sieht jetzt ihren um drei Jahre jüngeren Vetter Fritz, den sie bisher nur flüchtig als den heitersten und vielleicht begabtesten unter den Bodelschwinghbrüdern gekannt hatte, mit ganz neuer Hochachtung.

Zur gleichen Zeit liegt ihre Schwester Adelheid, auch in Bethel, todkrank darnieder. Julia bleibt und übernimmt die Betreuung der Kinder. Im gemeinsamen Durchstehen dieser Notlage gewinnt sie das Vertrauen ihres Schwagers Gustav, der unter den Brüdern der einfühlsamste und allem Künstlerischen am meisten aufgeschlossene ist.

Neben all den aufwühlenden Erlebnissen in Westfalen sieht sich Julia in Berlin einem schweren persönlichen Konflikt ausgesetzt. Die schöne Lehrer-Schüler-Beziehung zwischen ihr und dem Kunsthistoriker Heinrich Wölfflin hatte sich zu einer Freundschaft verdichtet, die, beiden unbegreiflich, so stark war, daß sich die Frage einer dauernden Bindung ernsthaft stellte.

Heinrich Wölfflin, der als Nachfolger seines großen Lehrers Jakob Burckhardt seit 1893 den Lehrstuhl für Kunstgeschichte in Basel innegehabt hatte, war 1901 an die Berliner Universität berufen worden und stand jetzt, als 46jähriger, auf der Höhe des Lebens und der wissenschaftlichen Anerkennung. Er war bereits durch seine Bücher „Renaissance und Barock", „Die klassische Kunst" und „Die Kunst Albrecht Dürers" hervorgetreten. In seinen Schriften und Vorlesungen zeigte Wölfflin ganz neu den Wert und das Wesen eines Kunstwerkes innerhalb des Gesamtstils und deutete die überpersönlichen Gesetzmäßigkeiten der Kunst im Wandel der Epochen. Seine Kollegs waren gesucht als Meisterleistungen der Interpretationskunst.

Im persönlichen Umgang war Wölfflin sehr verschlossen. Er kapselte sich am liebsten von der Umwelt ab und lebte seiner Begriffs-Systematik. Der geistvolle Alemanne und das Naturkind aus Westfalen müssen sich besonders in ihrer großen Gegensätzlichkeit angezogen haben. Aber Wölfflin ist ein Abwartender. Seiner Meinung nach sollten Partner ihre Persönlichkeitsentwicklung voll abgeschlossen haben, ehe sie sich binden.

Julia hatte in ihrer Lebensschule das Warten gelernt. Es war ihr schließlich nicht mehr schwergefallen, ihre Ausbildung immer wieder zurückzustellen, auf die Erfüllung privater Wünsche zu verzichten. Aber jetzt weiß sie: Hier ist das Abwarten verkehrt. Sie ist von der Ungewißheit so gepeinigt, daß sie es über sich bringt, ihren Schwager Gustav v. Bodelschwingh um einen brüderlichen Dienst zu bitten: Ob Gustav wohl, wenn er durch Berlin reise, eine Vorlesung Wölfflins hören und ein persönliches Gespräch suchen könne?

Um Gustav zu informieren, will Julia einige Zeilen aufs Papier werfen. Es werden acht eng beschriebene Folioseiten daraus. Was wie ein Strom hervorbricht, ist nicht so sehr die herzenswarme Schilderung des Freundes, seiner Vorzüge und seiner Nöte, sondern vielmehr eine nüchterne Selbstbesinnung ohne alle Wehleidigkeit, die im Grunde schon erkennen läßt, wie Julias Entscheidung ausfallen wird.

Hier der stark gekürzte Brief vom 6. 7. 1910 aus Berlin-Friedenau:

.....Ich bilde mir ein, daß ich in der Schule Papa, Mathilde, Marie ein Stück Wartenkönnen gelernt hätte, daß es meiner Natur verhältnismäßig leicht fällt. So meine ich, ist es nicht aus Vergnügungssucht, wenn ich jetzt fordere, ins Leben zu treten.

Ich bin an meinen Angriffen, die ich auf W. machte, allemal fast gestorben. Ich m u ß t e diese Angriffe ausführen aus begriffenem und unbegriffenem Zwange. Tat Dinge, die meiner Natur gerade g a n z fremd und sehr unangenehm sind. Aber ich kann von keinem einzigen Mal sagen, daß ich es bereuen müßte.

Wenn ich eine Künstlerin bin, so ist es doch mein Beruf oder Gabe, Gesicht und Gehör für die Dinge und Gesetze zu haben. Entweder bin ich künstlerisch oder nicht. Ich habe es lange genug ablehnen wollen, weil mir die Verantwortlichkeit und die dazu gehörigen Forderungen klar sind und sehr unangenehm. Durch den Kampf mit W. ist mir klargeworden, daß es ebenso sündig ist, sich zu unterschätzen als zu überschätzen. Meiner Natur war es lieb, mich W. sorglos anzupassen und zu unterwerfen. Da entstanden die Unwahrheiten und die Öde.

Ich möchte ja das Wort Künstler aus der Welt bringen, glaube vielmehr, daß jeder Mensch die obigen Eigenschaften hat, man hat's wohl nur vergessen oder den Mut verloren.

Ich glaube nicht an eine Bevorzugung. Wenn ich jetzt beobachte, warum meine Arbeiten hervortreten gegenüber meinen Schulkameraden, die viel bessere Menschen zum Teil sind und viel mehr können, finde ich, daß ihnen nur der Mut mangelt, einfach sie selber zu sein.

Ich bin mit W. darin uneinig, daß er „fertige" Menschen haben will: Nur kein Erziehen in der Ehe! Wenn ich ihn recht kenne, braucht er sein ganzes Leben, um zu sich selbst zu kommen. Ich meine aber, die Ehe ist für den Lebensw e g gedacht!

Er kennt mich. Niemand so wie er. Er sieht nur Schwächen in mir. Ich will ja zum Heiraten jemand haben, der mich in dieser Weise kennt. Die, die mich heiraten wollten, kannten mich alle nicht. W. kommt nicht über das Problem hinaus, daß ich einen schlechten Charakter habe und daß er mich trotzdem liebt. Für letzteres gebe ich meinen Kopf. Ich bin ihm bald zu schade, bald zu schlecht.

Mir ist bewußt, daß ich in der Ehe nicht „das Glück" suche. Mein Geschmack ist außerdem, daß mich der Kampf und das gemeinsame Wachsen glücklich macht. Für W. ist das nur zu einfach, er kann das Natürliche nicht mit dem Verstand fassen.

Er hält mich für gewaltsam, und so hätte er recht, mich zu meiden, wenn ich so wäre! Er legt mir Eigenschaften zu, die ich nicht habe, aus dem weltfremden Sinn, wie er die Natur betrachtet. Er mißtraut seinem Auge, für ihn ist nur glaubwürdig, was in Büchern steht. Ich bin noch nirgends vorgekommen. Er sagt tatsächlich: „Was ich nicht verstehe, das lege ich einfach beiseite." Seine Reden und Lehren enthalten das Gegenteil, und so entsteht der furchtbare Widerspruch in ihm. Er sagt, der Gedanke von harmonischer Durchbildung sei veraltet und unmöglich.

Mit allen Mitteln bekämpft er mein Malen, und wenn ich widerstand, sagte er, die Zeit würde es lehren, was an mir sei. So würden ihm „Erfolge" von mir wohl imponieren. Ich will aber keine Erfolge um seinetwillen. Ich will überhaupt die Kunst nur im Zusammenhang mit mir selber. Es ist für mich Entartung, wenn ich n u r Malerin bin. Ich bin, was ich bin, und was ich zu schaffen habe, schreibt mir jede Lebenszeit und -form vor. Es ist ganz nebensächlich, daß ich mich zur Zeit aufs Malen konzentriere.

45   *Mit Maltüchtigkeit ihm zu gefallen, ist schon darum vergeblich, weil er auch daran die na-*

türliche Freude nicht hat, sie ist angelernt und darum hohl. Aber ich weiß um seine unbewußte Sehnsucht nach dem Allem, Allem! Ich muß ihn immer Blumen lehren. Selbst die Lerche kannte er nicht.

Er sagte früher, ich gehöre in die vorgermanische Zeit oder sei hundert Jahre zu früh geboren, aber in diese Kulturzeit passe ich nicht. Wenn er meine Einsamkeit beklagt, so meint er immer die äußere, glaubt gar nicht, daß d i e gar nicht schlimm für mich ist. Auf dem Punkt ist er ganz weich, ich merke dabei, wie er leidet. Er hat Zeiten, wo er nicht allein gehen mochte, vor seinen eigenen Gedanken. Er ist zu einsam in Berlin. Man findet ihn „originell", damit ist's fertig.

Mein natürlicher Vorrat an Lebensmöglichkeit ist für ihn sehr günstig. Er ist wie ein Erfrorener, der nur ganz unglaublich langsam zum Leben kommen darf.

Kinder würden ihn führen können. Denen traut er nichts Böses zu. Wenn ich ihm sagte, daß er unter Kinderscharen sitzen müßte und erzählen, wird er ganz still. Er hat ein s e l t e n e s Talent für Kinder und ergreifende Art zu erzählen, Märchen und Geschichten. Es tropft wie aus der Bibel. Überhaupt ist seine Welt Sprechen und Schreiben. Er muß große Menschenkreise haben. Die Kunst kommt mir ganz Zufall bei ihm vor.

Euch, die Ihr mein verlegenes Wesen und meine kleine Männerverachtung, wenigstens zum Heiraten, kennt, muß doch meine Anmaßung gegenüber diesem Mann auffallen. Ich würde mich nicht wundern, wenn es als Verrücktheit erscheint. Vielleicht denkt Ihr es und sagt es nicht. Was mich zu Dir sprechen macht, ist, daß ich weiß, daß meine Kräfte auch Maße haben. Ich kann leichter vor Kummer sterben als an einer reellen Kranheit.

Es ist möglich, daß ein herzliches uneigennütziges Ergründen Deinerseits, in dem richtigen Augenblick geschehend, von unermeßlicher Tragweite und Wohltat für uns beide wäre. Ich könnte mir denken, daß Du als einmaliger Zuhörer, als Sohn Deines Vaters, als mein Schwager etwas Gangbares für ihn hast. Es würde ihm jedenfalls Freude machen. Vielleicht ist es ihm lieb, sich gegen jemand meiner Familie auszusprechen, weil es ihm, wie ich ihn kenne, auch sehr traurig ist, jemand, wie man sagt, unglücklich gemacht zu haben. Du könntest ihm sagen, daß ich niemals unglücklich werde, wenn alles aus Ernst und Irrtum geschah.

Gustav, meine Seele liegt, glaub ich, bittend zu Deinen Füßen. Bedenke aber, daß ich mit Zeitmaßen nicht im klaren bin: Manchmal kommt mir vor, als wäre ich um Jahre vorausgeeilt, oder es ist, daß Ihr alle schlaft oder zaudernd seid oder nicht seht, was da ist. Daß keine Zeit zu verlieren ist! Daß Freien so klein ist gegen die Arbeit, die erst anhebt! Es gehört viel Kraft zum Ruhigbleiben."

Wenige Tage später schreibt Julia noch einmal kurz an Gustav:

Marienberg bei Helmstedt, 15. 7. 1910

„L. G. Hab Dank, daß Du es gründlich aufnehmen willst, bei allem, was Du schon hast.

Ich will Dir schnell sagen, daß in mir Veränderungen geschehen sind. So scheint mir wenigstens. Ich hörte Mittwoch von 11 bis 13 Uhr ein Kolleg noch von ihm, was mich wieder zu ganz neuen Ausblicken geleitet hat. Auch einiges Sprechen mit ihm in Ruhe und Freundschaft. Wir fuhren zusammen ein Stück.

Das Resultat ist: Daß ich die Überzeugung bekommen habe, daß er nicht aus Willkür han-

delt gegen mich, und von da aus habe ich ihn viel zu lieb, um mir auch nur Wünsche erlauben zu mögen. Und damit ist's nun gut so.

Mir schien, daß er ganz unglaublich schön gesprochen hat im Kolleg. Er steht viel höher als man ahnen kann. Und was zwischen uns ist und nicht ist, verstehn wir alle beide nicht, und wir einigten uns, nicht verstehen zu wollen, was wir nicht können.

Wenn Du Zeit hast, rate ich Dir, ein Kolleg Dir zur Freude anzuhören. Und wenn Du ihm nachher dafür dankst, ist's hübsch und gut."

Ob dies der Abschied war? Die Einschaltung Gustavs erübrigte sich also und wird wohl nicht mehr geschehen sein. Das Sommersemester ging zu Ende. Im August wird Julias Hilfe wieder in Bethel gebraucht.

Heinrich Wölfflin (1864 - 1945)

Wir wissen nicht, wie es dazu kam, daß Fritz v. Bodelschwingh in Julia v. Ledebur seine zukünftige Lebensgefährtin erkannte. Keinesfalls hat er, wie scherzend behauptet worden ist, aus Mangel an Zeit und Gelegenheit nur seinen Brüdern nachgehandelt, die unter den Ledebur-Töchtern ihre idealen Partnerinnen gefunden hatten. Dazu war er schon damals ein zu guter Menschenkenner, wußte er zu genau, welche Aufgaben eine Frau an seiner Seite zu erfüllen haben würde.

In einem Brief Gustav v. Bodelschwinghs vom 28. August 1910 an seine Frau Adelheid findet sich folgender Satz:

"Merkwürdig, ich zittere jetzt bei dem Gedanken, daß aus F. und J. etwas werden könnte. Aber auf der anderen Seite muß man sagen: F. braucht eine starke Frau, eher zu stark als zu schwach. Und weiblich ist J. noch genug. Auch diese Sache muß durchgebetet werden."

Das ist das Neue: Es wird gebetet. Wie es zuging, daß Fritz v. Bodelschwingh Julia zu gewinnen vermochte, ist nicht bekannt. Aber wir wissen, daß er kein Zauderer war, wenn es um große Entscheidungen ging, daß er sich nicht in menschlichem Für und Wider zerfetzte, sondern als klare Richtschnur die Nachfolge Christi vor Augen hatte.

Als einziges schriftliches Dokument aus jenen Tagen ist ein winziges Kärtchen erhalten, das Fritz als Weihnachtsgruß an Julia sandte. Auf der Vorderseite steht gedruckt eine Strophe aus Paul Gerhardts Weihnachtslied:
"Nun, er liegt in seiner Krippen, ruft zu sich mich und Dich, spricht mit süßen Lippen: Lasset fahrn, o lieben Brüder, was euch quält; was euch fehlt, bring ich alles wieder."

Auf der Rückseite von Fritzens Hand:

"Liebe Julia! Hier auf diesem Blättchen, das noch von unserem Vater stammt, ein kleiner Weihnachtsgruß! Vielleicht sagt uns das Wort, was wir tun sollen: Ohne viel Überlegen und Rückwärtssehen wie die Kinder zur Krippe gehen und uns Richtung und Ziel unseres Weges zeigen lassen. Ich vermute, dann gibt es eine g e m e i n s a m e Wanderschaft. Du auch? D. F. 23. 12. 10"

Möglicherweise hat dieses Blättchen Julias letzten Zweifel entkräftet und ihr den Mut zu einem freien Entschluß gegeben. Jedenfalls hat sie es sorgfältig durch all die langen Jahre ihres Lebens aufbewahrt.

Kurz bevor die Verlobung am 31. 12. 1910 bekanntgegeben wird, faßt Adelheid v. Bodelschwingh die Einstellung der Geschwister in einem Brief an die alte Freundin der Familie, Frau Caroline v. Zacha, so zusammen:

Freistatt, 29. 12. 1910
"Liebe Tante Cassy, ob Gustav, wie er wollte, Dir schon geschrieben hat, weiß ich nicht. Wir stehen jetzt still unter dem Stern, der für Fritz und Julia aufgeht. Du weißt es schon, wenn mein Brief zu Dir kommt, daß die beiden den Weg zusammen machen wollen.

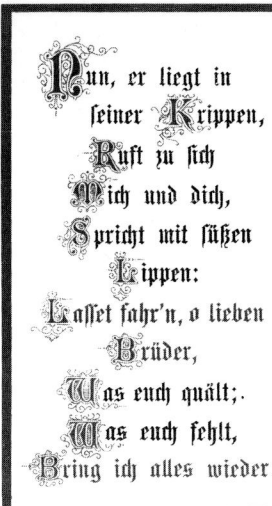

Das auf Seite 48 erwähnte Spruchkärtchen
mit Faksimile der Rückseite

So viel menschliche Gründe sprechen ja dagegen, daß man sie gar nicht erst zu nennen braucht; aber sie ist zum Glück sehr anders wie Luise und ich, so daß es doch etwas sehr Frisches in sein Leben hineingibt, und scheint sie uns merkwürdig für Fritz geworden.

Sie ist durch vieles hindurchgegangen und ist ein sehr entschlossener, lebevoller Mensch und sieht das Leben von so überraschend anderen Gesichtspunkten an, daß der Verkehr mit ihr erfrischend und anregend ist. Ihre Wahrhaftigkeit wirkt geradezu befreiend, und das ist glaub' ich das, was Fritz am meisten angezogen hat.

Dem armen Friedchen ist's noch sehr schwer, bis sie sich entschließt zu glauben, daß es Gottes Sache ist. Viele seiner Verwandten und Freunde werden sich einen Engel für ihn gemalt haben, der sie absolut nicht ist und sein will, sondern ein echter Mensch, der von Herzen möchte nach Gottes Willen leben.

Unsere Väter und Mütter oben haben ihre Hände mit im Spiel. Wir dürfen ganz ruhig sein, wenn wir an Fritz denken. Es ist ja ein entscheidendes Ereignis."

Gleich nach der Verlobung eilt Julia nach Berlin zurück, um dort einen Lebensabschnitt zu beenden und ihre Aussteuer zu bestellen. Dann zieht sie, „um Fritz nicht zu stören", bis zur Hochzeit nach Gütersloh zu ihrer Schwester Else, die inzwischen ihr Hofdamenamt niedergelegt und eine Schülerpension eröffnet hat.

Der älteste Bruder Wilhelm und seine Frau Emmy sind gern bereit, Julia die Hochzeit in Crollage auszurichten. Doch würde nicht die Zusammensetzung der Gäste die gleiche werden wie bei den vorigen Ledebur-Bodelschwingh-Hochzeiten? Darum besprechen die Geschwister, als sie zur Taufe der kleinen Margarete v. Bodelschwingh wieder einmal in größerer Zahl in Bethel zusammentreffen, eine andere Lösung. Adelheid, seit Herbst 1910 Pfarrfrau von Freistatt im Wietingsmoor (Hannover), berichtet darüber an ihre Tante Caroline:

Freistatt, 18. 1. 1911

,,. . . Dann wurde mit Emmys Zustimmung beschlossen, daß die Hochzeit bei uns in Freistatt sein soll, auf Fritzens besonderen Wunsch. Hier kann man sie so still und klein feiern, wie es einem im Todesjahr des Vaters und in der Passionszeit zumute ist, und die Einladungen können sich nur auf die Geschwister beschränken.''

Fritz v. Bodelschwingh hatte zwei Jahre zuvor selbst in der von seinem Vater ins Leben gerufenen Kolonie für Wanderer und der Fürsorgeerziehung unterstellten Jugendlichen gearbeitet und sich dort sehr wohl gefühlt. Die herbe Weiträumigkeit der Landschaft und die fast nur aus rauhen Männern bestehende Gemeinde wählte er jetzt bewußt als Rahmen für seine Hochzeitsfeier. Die armen und heimatlosen Wanderer sollten sich an diesem Tage mit ihm freuen und ihn einem üblichen Familienfest in adligem Kreise entheben, das seinem Wesen und seiner Lebensaufgabe nicht mehr entsprochen haben würde. Auch die Braut war vollkommen einverstanden mit einer ganz untraditionellen, möglichst wenig aufwendigen Feier.

So ganz ,,still und klein'' fällt die Hochzeit dann allerdings gar nicht aus! Sie wird auf den 30. April gelegt, das ist doch schon Osterzeit, und das Trauerjahr um Vater Bodelschwingh ist auch abgelaufen. So rüstet ganz Freistatt auf einen ungedämpften Freudentag.

Nach der standesamtlichen Trauung auf dem Amt Gadderbaum (Bethel) am Vortage der Hochzeit fährt das junge Paar höchst vergnügt mit der Eisenbahn nach Varrel, wird dort mit Jubel abgeholt, unter Ehrenpforten und Fahnen begrüßt und erlebt noch das überwältigende Schmücken der Kirche mit Tannen, Maien und Tulpen.

Man hat das Fest auf einen Sonntag gelegt, damit die ganze Moorkolonie teilnehmen kann, ja, die Trauung soll vormittags im Gemeindegottesdienst stattfinden. So wird am 30. April die kleine Moorkirche brechend voll, und der Männergesang ist gewaltig. ,,Pastor Wilhelm'' (es hat sich allgemein eingebürgert, die drei Brüder Bodelschwingh abkürzend und unverwechselbar ,,Pastor Wilhelm'', ,,Pastor Gustav'' und ,,Pastor Fritz'' zu nennen) predigt über die Epistel des Sonntages (1. Petrus 2, 21 - 25), und Pastor Gustav, der seiner Ansprache den vom Brautpaar gewählten Text zugrunde legt (Johannes 14. 27), vollzieht die Trauung. Es singen die Chöre von Moorhort, Moorstatt und Deckertau.

Nach dem Gottesdienst geht der Hochzeitszug unter Führung der Posaunen zum Pfarrhaus zurück, wo das Mittagessen im Familienkreise eingenommen wird. Tatsächlich sind nur **50** die Geschwister anwesend, und nicht einmal alle, da für einige — leider auch für Marie — die Reise zu weit und zu teuer war. Die kleinen Töchter von Gustav und Adelheid sind bitter enttäuscht, daß die Braut schwarz gekleidet ist, ebenso wie ihre Schwestern und Schwägerinnen! Wahrscheinlich war für das Trauerjahr eine entsprechende Verabredung getroffen und dann, als die Hochzeit sich verschob, aus Sparsamkeit beibehalten worden. Julia selbst findet übrigens, daß der weiße Brautschleier sich vom schwarzen Grund besonders reizvoll abhebt.

Am Nachmittag gibt es für alle Moorbewohner in ihren Häusern Kaffee, Kuchen, Rauchwaren und abends „Bethel-Sekt" (Scherzname für Sprudel, der in allen Bethel-Anstalten wegen des notwendigen Alkoholverzichts in vier Geschmacksrichtungen zu haben und sehr beliebt war). Die eigentlichen Kolonisten von Freistatt und Heimstatt aber, die der alte Bodelschwingh seine „Brüder von der Landstraße" genannt hatte, sitzen nun als große und seltsame Hochzeitsgesellschaft mit dem jungen Paar feiernd zusammen. Im „Bethel-Anzeiger" vom 7. Mai 1911 — ein bis zum 1. Weltkrig wöchentlich erscheinendes Mitteilungsblatt für die Bethelgemeinde — lesen wir:

„. . . Kurz vor drei Uhr traf das neue Gespann von Heimstatt mit zwei vollgepackten Loren in Freistatt ein, und um drei Uhr versammelten sich alle Kolonisten mit den Familien der Vorarbeiter und den Knechten, Köchen, Dienstboten, Brüdern und Beamten in dem festlich geschmückten Speisesaal, dessen Tafel Bruder Schumann und seine Gehülfen mit Kuchen reich gedeckt hatten."

Dem jungen Paar, das sich eine persönliche Gabe verbeten hatte, wird ein sinnvolles Geschenk zum Weitergeben überreicht: In einem blumenumwundenen kleinen Schiff ist eine Geldsumme versteckt, die von allen Freistättern zusammengebracht worden ist und ein Beitrag sein soll für ein Boot auf dem Kiwu-See in Ostafrika.

Man labt sich ausgiebig an Kaffee, Kuchen, Liedern, Gedichten und Reden. Der Bräutigam selbst, der hier wohl zum ersten Mal bewußt erlebt, wie ihm und seiner Frau ein Strom von Vertrauen und persönlicher Zuneigung entgegenflutet, beschließt die Feier mit einer eigenen Ansprache. Er dankt für heute, erinnert an gestern und ermutigt für morgen. Und das alles in der treffsicheren Art, die ihm gegeben ist, und die kluge wie einfältige Leute gleichermaßen anzurühren vermag.

Für eine Hochzeitsreise üblicher Art ist keine Zeit vorhanden. Mehr als zwei Wochen kann Fritz v. Bodelschwingh seiner Arbeit nicht fernbleiben. Das junge Paar reist nach Dillenburg (Westerwald) und verbringt die wenigen Tage einmütig und konzentriert mit Wandern, Lesen, Schreiben, Malen, Kennenlernen von Land und Leuten sowie mit einem Abstecher nach Darmstadt, Heidelberg und Frankfurt, wo private Besuche gleich mit einigen dienstlichen verbunden werden.

Am 15. Mai, mittags zwei Uhr, langen die beiden in Bethel an. Fritz geht sofort zur Arbeit in die Kanzlei. Julia steht einer neuen Aufgabe gegenüber.

Zu guter Letzt noch eine rückschauende Bemerkung von Frau Julia selbst. Sie vertraute **51** sie am 31. 12. 1911 ganz ausnahmsweise ihrem Tagebuch an, das sonst nur trockenen

Stichworten vom Tageslauf vorbehalten war. Zwischen zwei mit einer längst verrosteten Stecknadel zusammengehefteten Seiten fand sich dies:

,,Die Glocken zur Sylvesterabendkirche haben ausgeläutet. F. arbeitet in seinem Zimmer. Mir wird bewußt, daß ich am eigenen Tisch sitze. Was das Äußere betrifft, überall Sicherheit, Wohlstand. Fast wie ein Abgrund der Verantwortung sieht mich die Einmütigkeit mit Friedrich an. Es sind immer neue Dinge des Wohlseins, mit denen ich mich vertraut zu machen habe. Soweit ich zurückdenke — in keinem Jahr wollte mir auch nur eines dieser Güter erblühen. Was war es für ein Ringen und Sehnen und Aufreiben. Endlich am Mittag kam die Heimsuchung. Am Mittag richten sich die Augen zum Abend.''

Die Hochzeitsgesellschaft 7

Der Weg an der Seite ihres Mannes

Die gleiche Liebe und Freude, die dem jungen Paar in Freistatt entgegengeschlagen war, begegnete ihm in Bethel. Nur die allernächsten Verwandten mögen den neuen Lebensabschnitt der Schwester und Schwägerin, die nun auf einmal Pfarrfrau geworden war, mit einer gewissen besorgten Spannung begleitet haben, schien doch der bisherige Lebensweg in eine ganz andere Richtung zu weisen.

In welch völlig andere Welt trat die nun schon 37jährige Künstlerin aber auch ein! Diese eigenartige Welt von Bethel trug noch ganz das Gepräge, das der im Jahr zuvor verstorbene „Alte Vater" ihr gegeben hatte. Bethel zeigte den Charakter nicht einer „Anstalt", sondern einer Gemeinde oder „Kolonie", wie Bodelschwingh sie gern genannt hatte. Hier sollten Kranke und Gesunde in grundsätzlicher Gleichberechtigung und mit möglichst viel eigener Verantwortung miteinander leben und arbeiten.

Als Fritz v. Bodelschwingh 1910 die Leitung übernahm, war die Anstalt bereits sehr groß und die Zahl der epileptischen Patienten mit etwa 2000 kaum niedriger als heute. Man lebte eben in für heutige Begriffe unsagbar engen und bescheidenen Verhältnissen. Zwar waren die Anfangszeiten, in denen man Kranken auch verantwortungsvolle Ämter im Kirchen- und Verwaltungsdienst anvertraute, längst vorüber. Inzwischen gab es schon viele geschulte Anstaltsbeamte und -angestellte. So kamen auf den Anstaltsleiter — diese Bezeichnung hatte sich angesichts der Größe Bethels doch eingebürgert — außer den geistlichen auch beträchtliche Verwaltungsaufgaben zu.

In seinen ersten Amtsjahren hat Pastor Fritz diese beiden großen Arbeitsbereiche allein bewältigt. Aber auch später, als ein hauptamtlicher Verwaltungsleiter berufen wurde, behielt Bodelschwingh die Zügel der Verwaltung eigentlich in der Hand. Zweierlei befähigte ihn zu dieser Doppelaufgabe: Einmal war er mit dem Wachsen der Anstalt groß geworden und kannte darum jeden Menschen und jeden Winkel in Bethel; das andere war seine erstaunliche Doppelbegabung für den Dienst als Pfarrer und als Verwaltungsmann. Dies mißriet ihm nicht zu einem Zwei-Herren-Dienst, weil sein ganzes Wirken und Leben aus einer Wurzel wuchs: Er war recht eigentlich ein hörender und zum Hören anleitender Mensch.

Das merkte man schon an seiner Predigtweise. Die Gemeinde stand unter dem unmittelbaren Eindruck: Hier gibt jemand, der soeben eine „Audienz" bei Jesus oder den Aposteln und Propheten gehabt hat, das hierbei Vernommene weiter. Die Person des Predigers trat ganz zurück, vielmehr war er nur der Überbringer des frisch und neu Gehörten. Dazu kam das andere: Man spürte, auch ganz leibhaftige Menschen aus der Gemeinde der Kranken und Gesunden hatte der Prediger in seinem Studierzimmer gehabt, und ihre Fragen und Ängste und Nöte hatte er gehört. Aus all diesem ließ sich die tief ins praktische Leben eingreifende Wirkung solcher aus dem Hören kommenden Predigten ermessen.

Ähnlich wie das Geheimnis seines Predigens in seinem intensiven Horchen auf das ewige Wort und in seinem gesammelten Zuhören beim seelsorgerlichen Gespräch begründet war, verhielt es sich in seiner Verwaltungsarbeit. Fritz v. Bodelschwingh war unermüdlich unterwegs zu Besuchen in allen Anstaltshäusern. Er folgte damit dem Grundsatz, den der Freiherr vom Stein, der Lehrmeister seines Großvaters Ernst, geprägt hatte: „Ortskenntnis ist die Seele der Verwaltung". So sah er an Ort und Stelle die Probleme in ihrer greifbaren Gestalt. Weil sein Ohr die leisesten Untertöne vernehmen konnte, erfuhr er, was eigentlich die Menschen bewegte oder bedrückte. Dem überall zusehenden und zuhörenden Anstaltsleiter wurde eben mehr als bloße „Information" anvertraut, nämlich das Zarte und oft kaum Aussprechbare, dessen Kenntnis aber der eigentliche Schlüssel zur Lösung der Probleme ist.

Mit dem so Gehörten ging Pastor Fritz in seine Verwaltungssitzungen. Hier setzte er nicht einfach seine eigene, durch die Situationskenntnis so gut begründete Meinung durch, sondern dehnte das Prinzip des Zuhörens auf seine Mitarbeiter aus. Vor der Verhandlung von wichtigen Fragen rief er zwei oder drei der Nächstbeteiligten und hörte ihre Meinung. Hierbei lehrte er ohne viele Worte auch seine Mitarbeiter, ihre Herzen und Ohren zu schärfen zum Vernehmen dessen, worauf es eigentlich ankam. So nahmen die Sitzungen oft die Form von Arbeitsverteilungen an. Aus dem gemeinsam Gehörten entstanden die richtigen Lösungen, deren Ausführung nun dem betreffenden Mitarbeiter in voller Freiheit überlassen wurde.

So etwa sah die Arbeitsweise des Mannes aus, an dessen Seite nun die Lebensgefährtin trat. Erstaunlicherweise erwies sich der Sprung aus einer Künstlerexistenz hinüber ins Pfarrhaus, an die Seite dieses Mannes, als nicht so gefährlich weit, wie er zunächst erschienen war. Die jungen Eheleute ergänzten sich in ganz ungeahnter Weise: Er, der aus dem Hören lebende Meister der Sprache und des Gesprächs und zugleich echte Künstler im Erzählen; sie, die mit dem Malerauge Sehende, die mit der Hand ausführte, was sie sah! Sprechen konnte Frau Julia eigentlich nicht gut. Wie später berichtet werden wird, war ihre Redeweise eher abrupt oder gar explosiv. Um so mehr überrascht es, daß sie so schöne Briefe schreiben konnte. Offenbar kam ihr dabei die harmonisch dahineilende Schrift ihrer feinfühligen Hand zu Hilfe. Umgekehrt stand es bei ihrem Mann, dem zeitlebens das Schreiben mit der Hand ein beschwerliches Geschäft blieb. Ihm ging das Schreiben zu langsam. Er stenografierte.

Doch wie sollte nun die Stellung der Frau an der Seite des Anstaltsleiters beschaffen sein? Es waren ja verschiedene Möglichkeiten denkbar: Einmal, daß sie als Frau nur der privaten Häuslichkeit lebte, in der ihr Mann einfach abschalten und sich erholen konnte. Aber das kam so wenig in Frage wie die andere Lösung, nämlich daß sie eine Art Mitregentin wurde, die sich überall beteiligt und überall mit hineinredet und ihren Mann gelegentlich vertritt. Daß dies unmöglich war, wird aus der oben beschriebenen Form des „hörenden Leitens" sofort ersichtlich. Aber wie nun? Frau Julia wählte mit sicherem Gefühl eine eigenständige Mitte zwischen den beiden Möglichkeiten: Sie knüpfte an das an, was ihr auf ihrem bisherigen Lebensweg zugewachsen war und was sie gelernt hatte.

Sie hatte so erstaunlich vieles gelernt. Ihr Künstlerberuf als Malerin hatte sie gelehrt, daß Gültiges nur zu schaffen ist durch konzentrierte, verantwortungsbewußte und kritische Arbeit. Sie gehörte nicht zu den verwöhnten jungen Damen der höheren Gesellschaft, die aus Liebhaberei und Langeweile sich ein wenig künstlerisch betätigten. Sie wußte, daß Kunst von Können herkommt. Dieses Können hatte sie sich mit eisernem Fleiß angeeignet. Und das nicht nur deshalb, weil sie sich mit dem Malen ihr Brot verdienen mußte, sondern weil sie von der hohen Verantwortung echten künstlerischen Schaffens erfüllt war, der jedes oberflächliche Produzieren zuwider ist.

Das junge Paar (1911)

Zugleich hatte Frau Julia den Umgang mit Menschen gelernt. Einmal das Sich-frei-Bewegen in den höchsten Kreisen der Gesellschaft und ebenso die Begegnung mit armen, um ihre Existenz ringenden Menschen. Sie hatte ja selbst zu denen gehört, die sich von einem Tag zum andern durchschlagen müssen. Solche gegensätzliche Menschenerfahrung mit Hoch und Niedrig gab ihr gleichzeitig Großzügigkeit und Weite sowie die Fähigkeit, die Sorgen eines gedrückten Lebens, wo der Pfennig umgedreht werden muß, zu teilen.

Dabei hatte sich Frau Julia eine wiederum spannungsreiche, aber sehr fruchtbare Stellung zum Geld erworben. Das war ihre souveräne Verachtung des Geldes. Andererseits verstand sie sehr genau mit Geld umzugehen und konnte mit den geringsten Kosten Schönes oder Wichtiges zustande bringen.

Endlich wußte Frau Julia, was Krankheitsnot und Sterben in der Familie an helfendem Einsatz und auch hier wieder an wirklichem Können erfordert. Die heutige Weise, so schnell wie möglich fremde Hilfe, „zuständige Stellen" in Anspruch zu nehmen, statt sich persönlich einzusetzen, war ihr unbekannt. Sie hatte gelernt, selber zu pflegen.

Nur wenn man diese bereits durchlaufene Lebensschule bedenkt, kann man die Selbstverständlichkeit und Schnelligkeit begreifen, mit der Frau Julia ihre neue Stellung als Frau ihres Mannes, als Frau des Anstaltsleiters, einnahm und ausfüllte. Dieser Vorgang ist bis ins einzelne an Hand des Tagebuches zu verfolgen, das Frau Julia kurz vor ihrer Hochzeit begonnen und mit einer Stetigkeit ohnegleichen bis an ihr Lebensende geführt hat. Die mit schneller Hand hingeworfenen Eintragungen sind in den ersten Jahren noch recht ausführlich, voll origineller Bemerkungen und blitzartiger Urteile. Später läßt der Drang der Aufgaben das Tagebuch mehr zu einer Art Fahrtenschreiber werden, der als Kontrolle über Arbeiten, Termine, Besucher und Reisen seinen nüchternen Wert hat. Nur in besonders kritischen Zeiten des Dritten Reiches sind die Eintragungen lückenhaft, vielleicht mit Rücksicht auf mögliche Haussuchungen, vielleicht aber auch infolge großer Übermüdung.

Wer die heutigen Aufgaben eines Anstaltsleiters von Bethel kennt und davon weiß, wie pausenlos er von Sitzungen und Verhandlungen in Anspruch genommen wird, kann nur mit Staunen diese Tagebücher aus den frühen Jahren lesen. Denn sie machen offenbar, mit welch unerhörter Intensität Fritz v. Bodelschwingh ein Leben der persönlichsten Gemeinschaft mit seinen Kranken und seinen Mitarbeitern geführt hat. Sein Haus war wie eine Herzkammer, durch die das Blut des großen Organismus Bethel strömte. Alle Sorgen und zusätzlichen Nöte der Pflegehäuser, auch viele persönliche Kümmernisse oder Freuden einzelner Kranker und Gesunder fanden ihren Weg in das Pfarrhaus, dessen Tür den ganzen Tag für jedermann offen stand.

Man kann sich heute auch mit größter Mühe nicht vorstellen, wie Bethel, dessen Patientenzahl 1911 kaum kleiner war als heute, leben und arbeiten konnte, ohne einen Verwaltungsapparat im heutigen Sinne zu besitzen. Bethel war in Tat und Wahrheit eben keine Anstalt, sondern eine große Familie. Die Hausväter und Hausmütter und ebenso die Leiter etwa der Kasse und des Bauwesens waren buchstäblich Familienoberhäupter in ihrem Haus oder Amt. Sie schalteten und walteten in eigener Verantwortung, wie Bauern oder Handwerksmeister auf ihrem Hof, in ihrer Werkstatt. Die eigentlichen Pflegekräfte wurden von den beiden Mutterhäusern Sarepta und Nazareth gestellt; die übrige Arbeit wurde weithin von den Patienten besorgt. Was sonst noch an Mitarbeitern gebraucht wurde, verschaffte sich jeder Hausvater oder Betriebsleiter selber.

Ähnlich wie auf einem Bauernhof die Arbeiten durch den Jahreslauf bestimmt werden, spielte sich in Bethel ein selbstverständlicher Arbeitsrhythmus ein, in dem jeder wußte, was zu tun war. So kam man mit sehr wenigen Konferenzen oder Arbeitsausschüssen aus. Daß dies alles funktionierte, hing aber im wesentlichen davon ab, daß mit Fritz v. Bodelschwingh jemand vorhanden war, der das Wachsen dieser großen Familie so miterlebt hatte, wie eben ein Bauernsohn von frühester Kindheit an überall mit Hand anlegen muß. Darum war er imstande, dies große Gemeinwesen wirklich zusammenzuhalten, was ein fremd Hinzugekommener niemals vermocht haben würde.

Dies alles mußte beschrieben werden, um zu zeigen, in welch eigenartigen Lebenskreis Frau Julia hineingeworfen wurde, als sie ihrem Mann in Bethel zur Seite trat. Was tat sie nun? Zunächst einmal wurde sie die Begleiterin ihres Mannes auf seinen täglichen Wegen zu Kranken und Mitarbeitern. Hier ging es nicht darum, etwa nur an Hausfesten oder sonstigen Veranstaltungen teilzunehmen, bei denen man auf einem Ehrenplatz sitzt, sondern es waren Besuche innerhalb des Pflegealltags, an den einzelnen Krankenbetten. In die harte Wirklichkeit des Arbeitsvollzuges, des Tragens von Krankheit oder Sorgen, trat sie ein. Ihre Tagebuchaufzeichnungen mit den unzähligen Namen machen deutlich, wie schwer sie gearbeitet hat, um Menschen und Verhältnisse gründlich kennenzulernen.

Daneben wurde etwas anderes wichtig: Die Pflege des geistlichen Lebens. Hier treffen wir wohl auf das Entscheidende, was es überhaupt möglich machte, die Anstalten ohne einen schweren Verwaltungszügel zu leiten. Um es schlicht zu sagen: Es ging um das Band des Heiligen Geistes. Wo der am Werke war, wo man die Menschen auf das Regiertwerden durch diesen Geist ansprechen konnte, wurde es möglich, in so unkomplizierter Weise zu einem fruchtbaren Hand-in-Hand-Arbeiten zu kommen.

Darum nahm sich das junge Ehepaar die Zeit zu einer täglichen stillen Stunde gemeinsamen Bibellesens. Wir stoßen deshalb im Tagebuch immer wieder auf Angaben über geistliche Lektüre. Die Namen von Schlatter und Bezzel kommen in den ersten Jahren am meisten vor. Auch die wenigen vorhandenen Briefe von Frau Julia an ihren Mann — sie begleitete ihn ja meistens auch auf seinen Dienstreisen — geben Aufschluß darüber, mit welcher Intensität sie gehörte Predigten oder auch geistliche Vorträge auf Rüstzeiten auffaßte und in sehr treffenden Stichworten wiedergab. Sie besaß Geist und Impulsivität in so eigenständiger Ausprägung, daß ihr vor verblüffend offenen Worten weder in Gesprächen noch in Briefen bange war. Aber in Sachen des persönlichen Glaubens trug sie ihr Herz nicht auf der Zunge.

Außerdem hatte ihr bisheriger Lebensweg sie ja aus den tief eingefahrenen Geleisen traditionell kirchlichen Denkens, das für ihre Familie die einzig vorstellbare Form des Christseins darstellte, weit hinausgeführt. Daraus machte sie auch keinen Hehl. Aus ihren blitzartig kurzen Anmerkungen über manchen Gottesdienst kann man das ablesen. Eine solcher Anmerkungen, die für die Richtung ihrer kritischen Denkweise ebenso wie für die Art ihrer kräftigen Formulierungen charakteristisch ist, möge hier für viele stehen: Zu der Predigt eines urkonservativen Theologen lesen wir im Tagebuch das eine Wort: „Kirchen-Betäubung''.

Dies kurze Wörtlein enthüllt den Grund der Fruchtlosigkeit so vieler Predigten, nicht zuletzt der Predigten mancher kirchlicher Würdenträger. Sie rauschen daher in der Fülle korrekter kirchlicher Amtssprache. Sie sind insgeheim getragen von dem Grundsatz: „Und die Kirche hat doch recht!" Die Hörer lassen sich das gern gefallen, sie fühlen sich in ihrem Glauben bestätigt. Es ist alles in Ordnung, aber es geschieht nichts. Es geschieht trotz aller „erwecklichen" Redewendungen und wuchtiger Kernsätze eben gerade keine Erweckung, sondern eine Betäubung, die nur so lange anhält, bis die Gemeinde den kirchlichen „Operationssaal" verläßt.

Aber Frau Julia hörte das Wort der Predigt eben nicht mit den Ohren von Menschen, die vom Gottesdienst nichts anderes erwarten, als eine Stunde lang angenehm erbaulich betäubt zu werden. Sie hörte es mit den Ohren derjenigen, die sich ohne Betäubung mit den Schmerzen des Lebens herumschlagen müssen. Ja, hier sei auf eine Besonderheit hingewiesen: Frau Julia hörte auf die christliche Botschaft mit den Ohren der Jugend!

Sie, die kinderlose und gar nicht mehr so junge Frau, war nämlich offizielles Mitglied in der „Pyramidaltia", einem Jugendbund unter den Gymnasiasten aus Bethel, den Gustav v. Bodelschwingh gegründet hatte und den Pastor Fritz jetzt weiterführte. Beide Brüder hatten die Nöte einer gebildeten Jugend erkannt, die es nicht vermochte, die frommen Lebensformen der alten Bethel-Tradition zu übernehmen. So war dieser Jugendbund eine originale Schöpfung. Er hatte gegenüber dem in Bethel natürlich stark vertretenen CVJM eine völlige, teilweise sogar gegensätzliche Selbständigkeit. Auch mit der Bündischen Jugend hatte er kaum Kontakt, nahm aber viele ihrer Ziele in erstaunlicher Weise vorweg. Anders als in den damaligen kirchlichen Jugendvereinen gestalteten die Mitglieder alle Unternehmungen einschließlich der Wanderfahrten selbst.

Pastor Fritz als „Dux" und Frau Julia als „Duchesse" waren eigentlich nur ältere Mitglieder dieses Bundes. Die Führerrolle beider war begründet in dem Ursinn des heute in sein Gegenteil verdrehten Vermögens, Autorität zu sein. Sie bestand in der Fähigkeit, andere in Freiheit wachsen und sich entfalten zu lassen. Eine ältere und eine jüngere Gruppe traf sich in verschiedenen Räumen des Pfarrhauses Bodelschwingh zu Vorträgen und Diskussionen. Hier wurde die offene und oft auch rebellische Sprache der Jugend geführt. Frau Julia saß mit ihrem großen Flickkorb Strümpfe stopfend still dabei. Nur wenn Kunstwerke betrachtet oder Dramen in verteilten Rollen gelesen wurden, beteiligte sie sich aktiv. Den Schluß machte gewöhnlich Dux selbst: Seine kurze Zusammenfassung kam einem befreienden Höhenflug gleich, gemäß dem Losungswort dieses Bundes: „Höher als die Pyramiden, höher geht der Flug!"

Daß Frau Julia regelmäßig in den Kreis dieser Jugend eintauchte, daß sie Hörerin ihrer Sprache war mit allen Protesten und Problemen inmitten einer von frommer Tradition geprägten Anstaltsgemeinde, hat wesentlich dazu beigetragen, daß sie zu ihrer eigenen Einstellung und Wirksamkeit fand. Alles flache, leere und klischeehafte Reden, das auch in Bethel immer wieder sein Unwesen treiben wollte, entlarvte sie knapp und unerbittlich. Wir hörten schon, wie Frau Julia ein geistliches Leben ablehnte, das nur in einer „Kirchenbetäubung" während kurzer Erbauungsstunden besteht. Wirkliches geistliches Leben will eben ganz wach die Welt hörend, sehend, arbeitend durchdringen.

Frau Julias realistischer Sinn verstand unter „Welt" nicht etwas Allgemeines, sondern das, was sich im Leben der Anstaltsgemeinde sehr nüchtern Tag für Tag ereignet. Wo wirklich gemeinsames geistliches Leben geschah und wo auf handfeste Art hartes Holz gebohrt wurde, war sie ganz bei der Sache. Wie das im Einzelfall aussah, kann ein Beispiel aus dem Tagebuch zeigen. Frau Julia nimmt an einer Rüstzeit in Eckardtsheim teil und notiert:

12. 2. 1923

„. . . Jeder bekommt Stube für sich und warm. Bald Kaffee und zu bald im Vorderraum Pastor X's Anfang. Merkwürdig flach, sein Wort fährt nicht.

Ein Teil um 8 Uhr zu Bett, zum Hohn der Alten. Auch ich natürlich. Pastor X bald davon, nachdem er urkomische Witze mehrfach wiederholt hat. Seine Frau irrte lange umher, und es geschah ein großes Hantieren mit Wärmflaschen. Ich sah noch gerade, wie eine Weinflasche (!) mit heißem Wasser sprang — Glassplitter — Bett naß.“

13. 2. 1923

„Zu gewohnter Stunde, also sehr früh, nach herrlichem Schlaf ich raus. Ziehbare Lampe, warmes Zimmer. Unangenehme Briefe geschrieben. Um 8 Uhr stieg Pastor Schrenk unten vor Kälte klappernd aus dem Automobil.

Um 9 Uhr warme Suppe etc. Die güldne Sonne. Um 10 Uhr Anfang mit Schrenk. Römer 6, 1 - 11. Gegenteil von gestern, am tiefsten Punkt einsetzend. Stellung zum Kreuz. Beruf fest machen. Zeit zu Stille und Aufdecken, Annehmen der Gabe. Besprechung sehr wertvoll dadurch, daß die Alten das berühmte Schlechtmachen auffuhren, vor der Tür des Glaubens stehen bleibend. Schrenk wußte sie gut an der Hand zu nehmen. Daß alles das gerade Anlaß ist, Christus siegen zu lassen, nichts auszuschließen. Stimmung lustig und dankbar.“

So also sah geistliche Gemeinschaft nach dem Geschmack von Frau Julia aus: Sich das Wort vom Kreuz vom „tiefsten Punkt" aus sagen lassen und zugleich praktisch bei der Hand genommen werden, so daß das tägliche Leben gehörig durchgearbeitet und erneuert wird. Nicht in feierlichem Ernst erstarren, sondern Auge und Ohr haben auch für komische Situationen und nach eben erfahrener geistlicher Zurechtweisung „lustig und dankbar" sein können!

Überblickt man diese ganze Schilderung geistlichen Führens, wie es von Pastor Fritz und seinen engsten Freunden ausging, kann man in Umrissen begreifen, warum Bodelschwingh mit dem früher genannten Minimum von bürokratischem Verwaltungsapparat auskam: Der geistliche Zügel reichte, in einer kaum begreiflichen Mischung von tiefem Ernst und dankbarer Heiterkeit, in die weltliche Wirklichkeit des Alltagslebens hinein und sorgte dafür, daß die praktische Arbeit in e i n e m Geist getan wurde.

Auf diesem Weg Pastor Fritz eine aktive und produktive Begleiterin zu sein, war die Aufgabe, die seine Lebensgefährtin sich mit großer Gewissenhaftigkeit immer von neuem stellte.

Anstatt in zeitlicher Reihenfolge den weiteren Lebensweg von Frau Julia zu begleiten, möchten wir sie lieber in einzelnen Bereichen ihres Wirkens besuchen. Folglich tun wir zunächst einen Blick in ihr Haus und ihren Garten. Beides wurde unter ihren Händen eine gestaltete Form, wie es für sie nicht anders denkbar war. Damit dieser Blick so deutlich wie möglich werde, gebe ich wieder meiner Schwester das Wort.

Pastor Fritz und Julia v. Bodelschwingh
(um 1928)

Frau Julia in ihrem Haus

Solange ich zurückdenken kann, war im Nachbarhaus die helle stattliche Frauengestalt vorhanden: Tante Julia. Unsere Gärten stießen rückwärtig aneinander, es gab eine Pforte durch die Hecke, und der Austausch zwischen den beiden doppelt verwandten Familien riß nie ab.

Wie gern lief ich als Kind hinüber, mit und ohne Auftrag! Die Atmosphäre drüben zog mich magisch an, und so oft es ging, fand ich mich ein, wenn Onkel Fritz und Tante Julia in der Veranda zu Tisch saßen, nur um still zusehend und zuhörend auf der Fensterbrüstung zu hocken. Nie bin ich fortgescheucht worden. Mein Onkel und meine Tante, die selbst keine Kinder hatten, gewährten dem früh vaterlos gewordenen kleinen Mädchen gern diesen Anschluß. Ja, sie haben mich, ohne je darüber Worte zu verlieren, eigentlich lebenslang wie eine Tochter behandelt.

Die beiden benachbarten Haushaltungen waren, obwohl sie der gleichen Tradition entstammten, doch recht verschieden, allein schon durch die Bauart der Häuser. Mein Elternhaus am Sareptaweg war das alte Bodelschwinghsche Pfarrhaus, schlicht und urgemütlich, ganz dem sonnigen, weitgehend auf Kinder eingestellten Garten zugewandt. Meine Eltern hatten es bezogen, nachdem mein Großvater 1898 in das Nachbarhaus übergewechselt war, das er für sich und seine anwachsende Kanzlei hatte bauen lassen.

Die damals wohl als praktisch angesehene Verquickung von Wohnung und Büro, zudem die ungünstige Hanglage hart am Königsweg, hatte leider diesem neuen Haus „Burg" [8] von vornherein den Stempel des Ungemütlichen und Häßlichen aufgedrückt. Von der Straße aus gesehen türmte es sich tatsächlich burgartig in vier Stockwerken über einem auf, ein Schrecken für jeden Hilfesuchenden, für Behinderte nicht zu erklimmen, für die Bürokräfte eine keller-kalte Arbeitsstätte und für die Hausfrau überhaupt ein Alptraum! Denn alles ging ineinander über, einen Etagenabschluß für den Wohnbereich gab es nicht. Die Fenster waren schmal und hoch, die Türen unpraktisch verziert und mit Ölfarbe dunkel gestrichen, die Flure düster, mit steingegossenen Terrazzo-Böden. Eine Möglichkeit, im Freien zu sitzen, gab es nicht: Die schattige Veranda war praktisch unbrauchbar.

Aber davon merkten wir als Kinder nichts. Denn unsere Tante hatte längst das Haus verzaubert, so daß es ganz anders wirkte: Hell, weit, bunt, fröhlich, vornehm, einladend! Wer den Straßeneingang vermied und über Gartenschleichwege kommend das Haus von der Rückseite her betrat, wurde jedenfalls auf diese Weise überrascht.

Wie hatte Frau Julia das fertiggebracht? Nun, zum Glück hatte sie nicht gleich nach der Hochzeit hier einziehen müssen. Das junge Paar bewohnte zunächst ein freundliches Einfamilienhaus am etwas entlegenen Bethesdaweg. Dort konnte meine Tante sich mit ihrem neuen Lebenskreis vertraut machen, ohne sofort von der Ungunst der Dienstwohnung erdrückt zu werden. Im Haus Burg bestand zunächst noch der alte Haushalt, den seit dem Tode der Mutter Bodelschwingh im Jahre 1894 die Tochter Frieda für ihren Vater und ihre Brüder geführt hatte. Das war keine leichte Aufgabe für die damals erst Zwanzigjährige gewesen, hatte sie doch auch ihren Vater innerhalb und außerhalb Bethels vielfach begleiten müssen.

Die ihr gewohnte Betreuung des Anstaltsleiters ließ meine Tante Frieda dann auch ihrem jüngsten Bruder Fritz bis zu seiner Verheiratung angedeihen. Man kann verstehen, daß es ihr schwer wurde, den Bruder abzugeben, noch dazu an eine so anders geartete Frau mit einem im Anstaltsbereich mindestens unüblichen Lebensstil. Wirklich, diese beiden gleichaltrigen Schwägerinnen waren denkbar verschieden! Tante Frieda, eine starke Persönlichkeit, war wohl klug und tüchtig, aber vollkommen unkünstlerisch. Als ständige Begleiterin des berühmten Vaters hatte sie schon frühzeitig eine gewisse dekorative Würde angenommen, die ihr zwar vorzüglich stand, aber gerade das war, was Tante Julia und ihr Mann niemals für sich persönlich in Anspruch zu nehmen wünschten! Es war gut, daß Tante Frieda als Johanniterschwester bald dazu überging, nur noch Tracht zu tragen: So war sie immer passend gekleidet und vor den Neckereien ihrer Schwägerinnen sicher.

Erst als im September 1912 im Hause Burg die hochbetagte älteste Schwester von Vater Bodelschwingh starb, war für Schwester Frieda der Anlaß gegeben, dort zu räumen und von eigener Wohnung aus eigene Aufgaben zu übernehmen. Jetzt kam es meiner Tante zustatten, daß für die Zwecke der Kanzlei einige bauliche Veränderungen notwendig geworden waren und ohnehin Handwerker ins Haus kamen. Sonst würde wohl ihr Mann bei seiner sprichwörtlichen privaten Anspruchslosigkeit schwerlich in einige geringe Umwandlungen des Pfarrhauses eingewilligt haben. So aber konnte Frau Julia, in ständigem Kontakt mit dem Baumeister und den Handwerkern, einige Verbesserungen durchsetzen.

Über der neugebauten geräumigen Küche entstand ein offener Söller, von dem sich meine Tante viel erhoffte. (Leider war er stets dem Winde preisgegeben.) Die unbrauchbare Veranda verschwand, und an anderer Stelle, von der Küche leicht erreichbar, wurde eine neue aufgeführt, die zum Garten hin offen und so groß war, daß man im Sommer dort die Mahlzeiten, auch mit vielen Gästen, einnehmen konnte. Im Haus wurde es heller: Alle dunklen Tapeten flogen hinaus, und die Maler unserer Anstreicherei konnten sich erst gar nicht damit abfinden, daß sie die meisten Wände einfach weiß tünchen sollten! Wo es anging, wurden Fenster, Türen und Heizkörper hell gestrichen. An die Fenster kamen leichte weiße Vorhänge, später auch handgewebte oder handbedruckte Stoffe aus der Webeschule, aber niemals Stores. Von dem vorhandenen Inventar, sofern Schwester Frieda es nicht mitnahm, behielt Frau Julia nur das Edle aus alter Zeit. Alle Greuelstücke des späten 19. Jahrhunderts merzte sie aus, auch alle falschverstandenen Heimtextilien und viele der tristen, schwarzgerahmten Reproduktionen und Fotografien.

Meine Tante brachte selbst sehr schöne Möbel mit, Biedermeier oder früher. Ein Teil stammte aus ihrer Familie, anderes war sicher durch ihren Bruder Albrecht, der ein guter Kenner und Sammler von Antiquitäten war, billig dazuerworben worden.

Die Wände wurden nicht wieder so vollgehängt wie vordem. Wenige gute Bilder, auch eigene Aquarelle, wurden schlicht mit hellen Leisten gerahmt, was wieder Grund zum Kopfschütteln gab, diesmal bei den Einrahmern in der Kunstabteilung von Ophir. Nur das historische Arbeitszimmer des Alten Vaters konnte unverändert bleiben. Mit dem einfachen Schreibtisch, dem Stehpult, dem alten Ledersessel, dem kleinen Sofa aus des Vaters Pariser Einrichtung, den hohen Bücherborden und vielen historischen Bildern hatte der Raum eine eigene Atmosphäre, als wisse er um die Ströme von Leid und Liebe, die hindurchgeflossen waren. Über eine notwendige Änderung allerdings waren sich die jun-

Haus Burg
(Aufnahme aus dem Jahre 1902)

Wohnzimmer
der auf der nebenstehenden Seite
beschriebenen Wohnung
im Haus Burg

gen Pfarrersleute einig: Das breite dreiteilige Fenster gipfelte nämlich in drei gotische Spitzbögen, die sogar mit bleigefaßten, kleinen Scheiben verglast waren! Baurat Siebold hatte geglaubt, die Herzkammer Bethels auf diese Weise besonders sakral kennzeichnen zu müssen. Also diese Spitzbögen verschwanden und wurden durch einen schlichten Sandstein-Unterzug ersetzt. Als das Fenster später noch Vorhänge aus riesengroß kariertem Stoff aus der Weberei erhielt, als die letzten Lücken zwischen den ernsten Bildern mit klaren, frohen Aquarellen ausgefüllt waren, als regelmäßig auf der Ecke des Stehpultes einer der herrlichen Blumensträuße meiner Tante prangte, da hatte sie diesem Raum einen Hauch von Heiterkeit vermittelt, die ihm vorher fehlte.

Aus dem ungünstigen, eingeschlossenen, abschüssigen Grundstücksrest auf der Rückseite des Hauses hatte meine Tante einen Garten gemacht, der einfach eine Wonne war. Da gab es reiche Staudenrabatten, stille Ecken mit wilden Blumen der heimatlichen Wälder, da gab es — in Bethel bis dahin nirgendwo üblich — geschorene Rasenflächen, auf denen sich Besuchergruppen lagern, Chöre aufstellen konnten. Bei festlichen Anlässen, die oft genug eintraten, war das äußerst praktisch. Frau Julia hatte eine besondere Hand für Blumen. Bei ihr gediehen hohe Madonnenlilien, Rittersporn und Glockenblumen so herrlich wie damals sonst nirgends. Besonders charakteristisch für ihren Garten waren u. a. die üppigen Strauch-Pfingstrosen (Paeonia arborea) oder die mächtige Archangelica mit ihren riesenhaften Blättern und Doldenblüten. Alles was ranken kann, stellte meine Tante in Dienst, um die häßlichen roten Backsteinwände der Hausrückseite zu bedecken. Außer Pfeifenstrauch und wildem Wein, den sie vorfand, brachte sie noch Rosen, Efeu, Glyzinien, Geißblatt hinzu und, was mich als Kind besonders entzückte, großblühende Schmuckwinden, die an einzeln gespannten Fäden emporstiegen.

Natürlich werde ich als Kind den besonderen Zauber dieses Gartens kaum erfaßt haben. Mir sind damals wahrscheinlich die Walderdbeeren, die mir freigegeben waren, oder das Gebüsch, in dem ich mir verborgene Spielecken anlegen durfte, einzig maßgebend gewesen. Aber was ich damals sah, hat sich mir eingeprägt, und heute weiß ich es einzuschätzen. Heute erst begreife ich den flammenden Zorn meiner Tante, der durch meine spätere Hühnerhaltung gelegentlich entfesselt wurde, wenn trotz Maschendraht und Flügelbeschneiden mein unverständiges Federvieh drüben einbrach und die zarten Beeteinfassungen, die hübschen Blumenpolster in alle Richtungen zerfetzte!

Leider ließ es sich nicht abwenden, daß dieser Garten Durchgang für viele, viele sein mußte und zu privatem Ausruhen in Luft und Sonne nicht dienen konnte.[9] Die Menschen kamen eben lieber von dieser Seite, bewußt oder unbewußt den kalten, treppenreichen Haupteingang meidend. Dies war Frau Julia eigentlich ganz recht, denn hier konnte sie die Besucher viel persönlicher empfangen — oder auch „abfangen". Es war ihr lieb, daß die Passanten sich an dem kleinen Stück Schönheit mitfreuten. Eine der regelmäßig Durchgehenden hat uns beschrieben, wie der Garten auf sie wirkte: „Vom Mauerhäuschen bis fast nach Sarepta hinüber bot ihr Garten einen blütenprächtigen Anblick, der jedes Herz erstaunen ließ. Hinzu kam hier die große Stille. Jedesmal überkam mich auf diesem Fleckchen Erde Freude und Friede."

Etwas abseits gab es auch einen Obstgarten mit Wäschetrockenplatz. Gemüse wurde, abgesehen von Küchenkräutern und Kleinigkeiten, nicht angebaut, soweit ich mich erinnere, auch nicht in den Kriegszeiten, wo jedermann die Blumenbeete umgrub. Frau Julia tat es bewußt nicht, weil sie gerade dann ihre Kräfte anderswo einzusetzen hatte. Zeit für den Garten fand sie in aller Morgenfrühe. Vor dem Frühstück, das um 6.45 Uhr eingenommen wurde, brachte sie draußen oft schon ein Pensum hinter sich. Ein großer Wecker, auf dem gepflasterten Weg stehend, rief sie zum rechtzeitigen Aufhören. Wie haben wir als Kinder über diesen Wecker gespottet! Warum eigentlich? War er doch ein Zeichen dafür, daß sich hier ein Mensch entschlossen Grenzen setzte, um der anderen willen.

Auch das recht lange Stück Weißdornhecke, das unsere Gärten abteilte, schor meine Tante nach der Uhr. Jeden Tag zehn Minuten, das war ihr Rezept, mit dieser etwas lästigen Arbeit nebenbei fertigzuwerden. Damit kein Unkundiger ihr etwa zu Hilfe kam und dabei die Beete zertrampelte, hütete sie ihre Heckenschere und versteckte sie an wechselnden, ungewöhnlichen Stellen. Frau Julia sah es als Dienst an, viele Blumen zu ziehen und mit ihnen Freude zu bereiten. Sei es, daß sie Kranken Blumen brachte, sei es, daß sie im eigenen Hause die vielen Besucher, Bittsteller oder Konferenzteilnehmer durch überraschend schönen Blumenschmuck zu erfreuen, zu stärken und zu gewinnen suchte. Ihre Sträuße waren Kunstwerke, oft kühn und groß. Aber auf die Größe kam es ihr nicht an: Manchmal war es nur ein Zweig, der am rechten Platz, im rechten Gefäß bezaubern konnte. Auf dem Eßtisch hatte sie am liebsten überhaupt nur einzelne Blüten in Gläsern oder kleinen Schalen. Von einer solchen winzigen Blumen-Überraschung, die Frau Julia der Kanzlei machte, erzählt wieder eine Mitarbeiterin: „Entzückend war es anzuschauen, als an einem Ostersonnabend-Morgen jeder Bürotisch geschmückt war mit den ersten Frühlingsblumen aus ihrem Garten, Schneeglöckchen und Leberblümchen. Sie steckten nicht in einem Väschen, sondern in einem — Fingerhut, auch auf den Tischen der Herren.‟

Zum Betheljahresfest, das zur schönsten Blumenzeit im Juni oder Juli gefeiert wurde, schmückte Frau Julia das Haus besonders herrlich. Sie durfte sich zu dieser Gelegenheit zusätzlich einen Berg Schnittblumen aus der Anstaltsgärtnerei bringen lassen. Der feinsinnige Blumenkünstler, Herr Gerhard Böger, mit dem meine Tante sich ausgezeichnet verstand, kam gleich mit und stellte mit ihr zusammen ein.

Meist traf sich am Schluß des Festes ein großer Kreis von auswärtigen Gästen und Betheler Mitarbeitern in der Wohnung des Anstaltsleiters. Zu den Zeiten, wo die großen Wohnräume und das Konferenzzimmer in der mittleren Etage zur Verfügung standen, mochten es an die hundert Personen sein, die zu bewirten waren. Derartige Empfänge bereitete Frau Julia gut vor. Pläne für die aufzustellenden Tische und Sitzordnungen zeichnete sie genau auf. Ihr schönes Tischzeug und Geschirr kam zur Geltung. Als Bedienung erbat sie sich einen Flor von Mitarbeiter-Töchtern, zum Kaffeekochen prächtige, erfahrene Nachbarinnen. So war sie frei für ihre Gäste.

Das am herzlichsten gefeierte Fest war der Geburtstag ihres Mannes am 14. August. In Garten und Veranda ging das Gratulieren, Singen und Blasen den ganzen Tag über vor sich. Schon früh 7 Uhr waren die Mitarbeiter der Hauptkanzlei zum Frühstück eingeladen. Dafür deckte Frau Julia ganz festlich; nicht eigentlich, um ihren Mann zu feiern — das war ihm gar nicht recht — sondern um diese treuen Mitarbeiter zu ehren. Einmal im Kriege habe ich es erlebt, daß sie bei dieser Gelegenheit der großen Schar von sicher 25

Personen eine aus gesparten Schätzen komponierte, sättigende Suppe vorsetzte, die, mit einem Brötchen serviert, allen eine Überraschung und wirkliche Wohltat war.

Für die vielen Einzelgratulanten und Gruppen wurde Gebäck oder sonst Erfreuliches bereitgehalten. Einmal hatte Frau Julia eine ganze riesige Bananen-Traube besorgt oder sich schenken lassen und sie im offenen Eingang der Veranda aufgehängt. Das grenzte damals noch ans Wunderbare, und der Jubel war groß, wenn meine Tante für jeden Besucher mit mächtigem Messer eine Banane abschnitt!

Das Vorrecht, nachmittags zu Pastor Fritz' Geburtstagskaffee eingeladen zu werden, hatten Jahr um Jahr die ärmsten kranken Kinder von Patmos. Wer irgend von ihnen laufen oder transportiert werden konnte, kam nachmittags in einem rührenden Zuge durch den Garten heran. Zu dieser seltsamen Kaffeegesellschaft ließ meine Tante auf Wunsch ihres Mannes keine Zaun- und sonstigen Gäste zu. Der zarte Austausch mit diesen elenden Geschöpfen vertrug ihrer Meinung nach nicht die leiseste Störung durch eine taktlose Öffentlichkeit. Frau Julia ehrte auch diese Kinder mit einer aufs schönste in der Veranda gedeckten Tafel. Die kleinen Gäste, meist der Sprache gar nicht mächtig, spürten die entgegengebrachte Zuneigung, die so gar nichts Gemachtes, Herablassendes, gewollt Kindertümliches hatte. Überhaupt habe ich nie erlebt, daß meine Tante mit Kranken — Kindern oder Erwachsenen — albern gescherzt oder gar über ihre oft komischen Eigenarten gelacht hätte. Für originelle Züge hatte sie zwar sehr viel Auffassung, aber sie ließ ihr Gegenüber stets als vollberechtigt gelten und hörte ihm gesammelt zu. Hiermit gewann sie sich die Herzen, niemals durch ein unverbindliches Schulterklopfen.

Zu Weihnachten war es Frau Julia wichtig, eine Woche vor dem Fest mit allen äußeren Vorbereitungen wirklich fertig zu sein, weil es zu ihren Aufgaben gehörte, mit ihrem Mann an möglichst vielen Feiern in den Pflegehäusern teilzunehmen. Sie wußte, daß man ruhig und aufnahmebereit sein mußte, wenn man den Kranken kein enttäuschender Gast sein wollte. Auch galt es, ihren Mann gerade in diesen Tagen gut zu versorgen und vor überflüssigen Besuchern zu schützen, damit seine Kräfte reichten. Er hatte ja selbst mehrere Feiern zu halten, unter anderem in Patmos, Kinderheim und Tabor. Vor allem war die große Christvesper mit der ganzen Gemeinde in der lebensgefährlich überfüllten Zionskirche für ihn eine riesige Anstrengung. Und danach gab es auch keine Ruhepause, weil am zweiten Weihnachtstag schon wieder die Fahrt nach Freistatt, mit Predigt in der Moorkirche, fällig war.

Frau Julia beschenkte in erster Linie ihre nächsten Angestellten in Haus und Werkstätten, und im Auftrage ihres Mannes die Kanzlei. An Geschenke innerhalb der Familie kann ich mich, abgesehen von dekorativen Kleinigkeiten, eigentlich nicht erinnern. Sie wußte ihre Gaben, bei denen damals der materielle Wert eine viel weniger große Rolle spielte als heute, ganz wunderbar in ungewöhnlichen Glanzpapieren zu verpacken. So war schon der Anblick eine Freude. Die handelsüblichen, früher ziemlich gleichförmigen Tannenzweiglein-Papiere verschmähte sie.

Während meine Mutter, alter Tradition folgend, große Sorgfalt und einen ganzen Arbeitstag an den Krippenbau wandte, war meine Tante der Ansicht, daß der Weihnachtsschmuck zwar herrlich sein müßte, aber die Funktion des Wohnraumes nicht beeinträchtigen dürfte. So gab es bei ihr nur einen kleinen aber ausgewählt schönen Weihnachtsbaum, der auf

Pastor Fritz
mit seinen kleinen Geburtstagsgästen
aus dem Hause Patmos

Bild von der Silberhochzeit
(beschrieben auf Seite 70)
Rechts im Engelgewand die Verfasserin

einem Tischchen vor einer weißen Wand stand. Weil junge Tännchen oft noch dürftig sind, nahm Frau Julia auch wohl einen größeren Baum, sägte ihn quer durch und stauchte die Teile so ineinander, daß die gewünschte Breite und Fülle entstand. Geschmückt wurde bunt, mit kunstvoll gefertigten Rosen, die in gedrungenen Gruppen auf den waagerechten Zweigen saßen, mit vergoldeten Nüssen, Äpfeln und Sternen von Rauschgold. Lichter wurden vom Wachsstock geschnitten, unten geschlitzt und um die Zweige gebogen; Kerzenhalter galten als zu häßlich. Wer sich wundert, daß bei dieser Methode niemals Feuer ausgebrochen ist, soll bedenken, wie wenig in diesem Hause ein traumverlorenes „Feiern" Raum hatte. Selbst am Heiligen Abend kehrten mein Onkel und meine Tante erst nach einem Rundgang durch viele Pflegehäuser und einer gemütlichen Stunde drüben bei uns spät in ihre Wohnung zurück. Wir liebten diesen Besuch sehr, weil mein Onkel dann seinen köstlichen Humor spielen ließ und mit uns fröhlich war, frei von aller Last.

Die Silberne Hochzeit meiner Tante und meines Onkels im Jahre 1936 wurde nicht am eigentlichen Datum im April begangen, sondern auf den 14. August verlegt, Pastor Fritz' Geburtstag, der ja ohnehin ein Festtag mit den Kranken war. Es wäre meinem Onkel peinlich gewesen und auch zu zeitraubend erschienen, wenn er zweimal in einem Jahr Anspruch auf einen so persönlichen Festtag hätte erheben müssen. Der doppelte Anlaß wurde dann aber mit rechter Lust gefeiert. Diesmal wurde sogar ausgiebig Verwandtschaft eingeladen, die sich allerdings mit einer schlichten Kaffeetafel von 3 bis 4 Uhr nachmittags zufriedengeben mußte und dann in die Waldkirche unter den hohen Buchen überzuwechseln hatte, um dort im Kreise der Krankengemeinde eine fröhliche Feierstunde mitzuerleben.

Die anfallskranken Schulmädchen von Bethsaida, in weißen Kleidern und mit Blumenkränzen im Haar, zogen dem Silberpaar entgegen, um es mit einer großen Girlande einzufangen und an seinen bekränzten Platz zu geleiten. Im freudigen Eifer umwickelte sich die Kindergruppe jedoch selbst derartig mit ihrem Kranz, daß umgekehrt Pastor Fritz und seine Frau das vergnügte Gewimmel im Geschwindschritt zum Festplatz anführen mußte. Ein reizender Schnappschuß hat diese Szene festgehalten und zeigt Frau Julia besonders charakteristisch, im langen festlichen Kleide rasch ausschreitend.

Vier farbenprächtige Engelgestalten mit langen Flügeln taten Hilfsdienste bei diesem Einzug: Vier Nichten von Frau Julia, darunter auch ich, waren in Gewänder gesteckt worden, die Schwester Bertha v. Ledebur nach den Engelbildern des Fra Angelico sorgfältig angefertigt hatte. Ob es eine Überraschung für meine Tante hatte sein sollen? Gleichviel, die Silberbraut wußte uns vier, die wir nach dem Absingen eines schlichten Liedes praktisch beschäftigungslos waren, sofort neu einzusetzen: Sie hatte mit geschenktem Gelde tausend Stück silbern umwickelte Schokoladen-Walnüsse kommen lassen, die noch auf irgend eine Weise als kleine Festesfreude unter die Leute gebracht werden mußten. So legten wir denn unsere archaischen Instrumente aus der Hand und gingen mit großen, flachen Körben voller Silberfrüchte durch die Menge, was auf viele, vor allem Bethel-Neulinge, einen besonderen Eindruck gemacht haben soll. Vom weiteren Verlauf des Festes hat Frau Julia in einem Brief selbst erzählt:

„Ganz herrlich waren nachher die Gedichte, die vorgetragen wurden, und ich brauchte mich gar nicht zu fürchten, es war alles so einfach und natürlich. Es lag auch sehr viel an Herrn Pastor Wörmann, der die Sache so nett einleitete. Außerdem wurde noch ganz

herrlich von den Teilnehmern einer Singefreizeit gesungen, die damals auf dem Lindenhof tagte. (Die 1. Heinrich-Schütz-Arbeitswoche unter Leitung von Professor Hans Hoffmann).

Am Tag nach dem 14. August machten wir eine richtige Führung und fuhren dann auch noch in die Hermannsheide mit einem großen Autobus. Es war sehr schön, den Verwandten einmal richtig ernsthaft von der Arbeit hier in Bethel etwas sagen zu können. Darum machte Fritz auch alles mit. Unterwegs sangen wir ein Lied nach dem andern, und von den Studentenliedern wußte Fritz immer noch die Verse am besten.

Als wir gegen Abend um 6 Uhr hier wieder eintrafen, rief Fritz zuletzt im Autobus: ‚Jetzt ist die Silberne Hochzeit zu Ende!', und seit der Sekunde war er aber auch schon verschwunden. Bei mir tröpfelte natürlich noch allerhand nach."

Wenn Erinnerungen an meine Tante ausgetauscht werden, kommt mit Sicherheit die Sprache auf ihre Kleidung. Es wird dann erzählt, daß Frau Julia sich sonderbar angezogen habe, unbesorgt um ihre Wirkung auf die Mitwelt, ja, daß sie stets in langen, weißen, selbstgewebten Leinenkleidern gegangen sei. Hier liegt nun doch Legendenbildung vor, die etwas abgebaut werden muß.

Als natürliches Landkind hatte Frau Julia schon früh die ungesunde und gekünstelte Damenmode des ausgehenden 19. Jahrhunderts verabscheut. Sie griff darum gern die um 1900 aufkommende Reformkleidung auf, weil sie atemfreundlich, schlicht und daher leichter selbst anzufertigen war. Hinzu kam das Wohlgefallen an handwerklich hergestellten Stoffen. Schon im heimatlichen Arenshorst war ja gewebt worden; und als in Bethel die Webeschule der Kranken in Gang kam, trug Frau Julia besonders gern die dort entstandenen Stoffe. Sie tat es bewußt als Vorbild und Werbung, auch als Anerkennung den Weberinnen gegenüber. Grobes Leinen verwendete Frau Julia wohl für lose Jacken und Westen, die sie gern trug; die täglichen Kleider dagegen waren doch meist aus Baumwollstoffen, der besseren Trageeigenschaften wegen.

Tatsächlich teilte meine Tante nicht die früher gültige Meinung, daß eine Frau sich mit zunehmendem Alter immer dunkler und dunkler kleiden müsse. Sie lachte ihre ältere Schwester Else einfach aus, weil diese glaubte, nicht „bis ins Uralter" weiß tragen zu dürfen. Die Vorliebe für helle Webstoffe war aber auch technisch begründet: In der Anfangszeit der Webeschule standen noch keine waschecht gefärbten Garne zur Verfügung, so daß starkfarbige Stoffe sich zunächst verboten. Wollstoffe trug meine Tante sogar im Winter ungern, weil sie ihrer Haut unzuträglich waren. Auch daher erklärt sich das helle Erscheinungsbild, das so vielen in Erinnerung ist.

Als Malerin war Frau Julia selbstverständlich gar nicht farbscheu. Nachdem in der Webeschule die alte Kunst des Blaudrucks mit Indigo und echten bäuerlichen Modeln wieder belebt wurde und zu schönen Erfolgen führte, trug meine Tante mit Vorliebe Blaudruck-Kleider in allen Farbabstufungen. Sie standen ihr vorzüglich, besonders, wenn sie von einer erstklassigen Schneiderin angefertigt waren.

Vieles wurde auch im Haus genäht, von mehr oder weniger geschickten Händen. Da gab es wirklich manch sonderbares Stück! Aber alles, was meine Tante trug, war rein und frisch, und jedes Kleid, jede Jacke war stets mit feinen weißen Kragen- und Ärmelaufschlägen geziert, die, werktags schlicht, bei festlicher Kleidung oft aus kostbaren alten Leinenstickereien gewählt waren. Ja, zu festlichen oder ernsten Anlässen konnte Frau Julia auch sehr schön gekleidet sein. Sie liebte Seide, legte sich aber Zurückhaltung auf, weil ihr Mann sehr empfindlich war gegen alles, was nach Aufwand aussah. Sie half sich, indem sie edle alte Stücke aus ihren Sammlungen von Stickereien und Spitzen hervorholte und damit etwa ein älteres Kleid verwandelte, oft in ganz unauffälliger Weise, und doch war der Gesamteindruck überraschend.

Betrachtet man heute alte Fotos, die meine Tante zusammen mit anderen Damen zeigen, die damals sicher gut und modisch korrekt gekleidet waren, so fällt Frau Julias zeitlose Kleidung als besonders natürlich und anmutig auf, während man die Aufmachung der anderen als recht ungünstig empfindet. Der Mode folgte Frau Julia einfach gar nicht. Es wäre ihr zu töricht vorgekommen, ihre Garderobe, die ja viele Jahre hielt, dauernd auf die gerade gängige Rocklänge umzuarbeiten! Sie fand eben knöchellange Kleider schön und praktisch und blieb dabei. Praktisch wahrscheinlich deshalb, weil der lange Rock ihr gestattete, feine Baumwollsocken zu tragen. Diese waren meistens weiß, aber auch einfarbig bunt, zum Kleide passend, was sehr hübsch aussah. Frau Julia stopfte ihre Socken bis zum äußersten, teils aus Sparsamkeit, teils wohl, weil die von ihr geschätzte Sorte aus dem Handel verschwand. Mußte sie Briefe diktieren oder Gespräche führen, so nahm sie stets solche Stopfarbeit zur Hand. Sie hatte das Gefühl, sich dabei gut konzentrieren und ihre Ungeduld dämpfen zu können. Ihr Gegenüber gewöhnte sich auch schnell daran. Als sie aber anfing, ihre Stopfsachen auch nach außerhalb mitzunehmen, zum Beispiel in der Pfarrkonferenz ihren bunten Wirrwarr auszubreiten, erregte sie doch Ärgernis. Soweit ich mich erinnere, mußte meine Mutter ihr beibringen, daß die Herren es lieber hätten, wenn sie ihren Kram zu Hause ließe.

Fertig gekauftes Schuhwerk — ausgenommen einfache Riemensandalen — trug Frau Julia nie. In ihrem Heimatdorf gab es einen wahren Künstler von Schuhmachermeister, der ihr feine flache Riegelschuhe anfertigte, die ihrer Gesamterscheinung und ihrem leichten, raschen Schritt entsprachen. Bei ganz schlechtem Wetter oder Winterschnee trug Frau Julia Schaftstiefel, was sich damals noch keine Dame entfernt einfallen ließ.

Frau Julia war eine vorzügliche Köchin. Sie besaß dafür alle Voraussetzungen: Erlernte Kenntnisse, jahrelange Übung und die einfühlsame Einstellung auf diejenigen, die sie zu versorgen hatte. Wie wichtig das im Hinblick auf ihren Mann war, wird später noch ausgeführt werden. Sie kochte nie schematisch, sondern mit Phantasie. Stets war sie darauf aus, Neues zu lernen, sich auf moderne Ernährungsweisen umzustellen. Im Urlaub oder bei Kuraufenthalten ließ sie sich die Zubereitung reformerischer Gerichte genau erklären und notierte die Speisenfolgen in ihrem Tagebuch.

Üppig wurde bei Bodelschwinghs gar nicht gegessen. Erstens waren die Zeiten nicht danach, zweitens hätte Pastor Fritz aufwendige Gerichte abgelehnt. Er war in materieller Hinsicht so anspruchslos, aß so schnell und gedankenverloren, daß es schwer war, ihm die notwendige Nahrung beizubringen. Darum war Frau Julia bei Tisch besonders auf der Hut und wußte ihrem Mann geschickt und unauffällig etwas aufzulegen oder zuzuschieben. Sie sah ihn auch höchst ungern allein auf Dienstreise gehen, weil dann die Gefahr bestand, daß er nichts Rechtes aß.

Zwei charakteristische Bilder
für Frau Julias äußere Erscheinung.
Links bei einer Hochzeit;
rechts beim Besuch der Kronprinzessin Cecilie
in Bethel (1932)

Frau Julia im Garten des Hauses Burg
(um 1947)

Der Tisch war immer mit einem gewissen Charme gedeckt, einerlei, ob vom feinstem Damast und Berliner Porzellan gegessen wurde oder ob man, wie es im Sommer sehr oft geschah, auf der Veranda am weißgescheuerten Holztisch saß. Das Geheimnis meiner Tante war, überhaupt keinen minderwertigen, vom Handwerk her anfechtbaren Gegenstand im Hause zu haben. Weil sie alle Geräte in richtiger Weise einander zuordnete, entstand immer ein Wohlgefühl, sei es von der Farbe, der Form oder dem Material her.

Bei der Größe und Unregelmäßigkeit ihres Haushaltes, bei ihren vielen auswärtigen Verpflichtungen konnte Frau Julia natürlich nur noch ausnahmsweise selbst kochen. Ein oder sogar zwei Haushilfen mußten vorhanden sein, wenn der Betrieb richtig laufen sollte, war doch in den frühen Jahren auch die Reinigung der vielen Büroräume mit zu besorgen. Eine übliche Hausangestellte würde auf diesem Posten weder aus noch ein gewußt haben, weil es einerseits spartanisch einfach, andererseits künstlerisch anspruchsvoll zuging, und weil in jedem Fall der Dienstplan von Pastor Fritz dem Ablauf des Haushaltes übergeordnet war. Durch unerwartete Gäste und Zeitverschiebungen wurden die Tage mühevoll, unruhig, wenn nicht gar aufregend.

So waren es denn ganz andere Hausgenossinnen, die hier aushielten: Besonders ideal eingestellte junge Mädchen, deren Wunsch es war, gerade in diesem Hause zu helfen, und die oft eine Prägung fürs ganze Leben aus dieser Zeit mitnahmen. Oder es waren Haustöchter, die bisher mit sich und der Welt nicht zurechtgekommen waren und derer sich meine Tante in völlig unsentimentaler Mütterlichkeit annahm und ihre Schwächen mit Humor trug, so daß beide Partner, von einigen dramatischen Zuspitzungen abgesehen, ganz gut miteinander auskamen und meist jahrelang aneinander festhielten.

Frau Julias künstlerische Wesensart führte nicht dazu, daß es im Hause „genial" im Sinne von schlampig zuging. Im Gegenteil, alles war blitzsauber und gepflegt. Für Neuerungen im Haushalt, für die vergleichsweise bescheidenen Arbeitserleichterungen von damals war meine Tante sehr zu haben. Meines Wissens hat sie als erste private Hausfrau in Bethel ihre Waschmaschine mit elektrischem Antrieb versehen lassen, was damals nur durch fest vermauerten Elektromotor und Treibriemen möglich war.

Wenn Frau Julia nicht von jung an gewohnt gewesen wäre, ihre Zeit einzuteilen und konzentriert zu arbeiten, hätte sie niemals den Anforderungen genügen können, die in Bethel an sie gestellt wurden. Es lohnt sich, einmal ihren Tageslauf zur Kenntnis zu nehmen, wie ihn meine Tante in einem Brief an eine zukünftige Mitarbeiterin selbst beschrieben hat:

Bethel, den 29. 9. 1933

„Sehr geehrtes Fräulein Bily! Ich kann Ihnen noch schnell sagen, wie so in unserem Hause der Tag verläuft, und wenn ich vielleicht gerade meinen Mann irgendwohin begleiten muß, brauchen Sie nicht zu erschrecken, wenn ich nicht da bin.

Von Anfang Oktober an ist Fräulein Lotsch (stud. theol.) im Hause, die schon früher da war und Bescheid weiß und für alles sorgen kann, wenn ich fort bin.

Für Ihr Wohnen habe ich ein Giebelzimmer im Hause vorgesehen. Das ist ein wenig hoch und entfernt und geht über den Dachboden. Es ist aber heizbar. Dort können Sie sich einrichten, wie es Ihnen behagt.

Wir fangen den Tag ziemlich früh an: 15 Minuten vor 7 Uhr ist Morgenandacht und Frühstück. Um 7 Uhr ist man damit fertig. Dann habe ich von 7.15 bis 1/4 vor 8 Uhr eine kleine Schreibzeit. Von 1/4 vor 8 Uhr an können Arbeitsbesprechungen für die Weberei sein. Das wäre die Zeit, wo Sie sich beteiligen würden. Es kommen dann meistens Fräulein Knauer, welche die handwerkliche Webeleitung der Krankenabteilung hat, Bruder Munkelt, welcher die Buchführung für das Weben mit der Arbeitslosenabteilung hat, und Fräulein Stolze, die in dieser Buchführung angelernt wird.

Ich hätte gern, daß Sie im Heilgarten, wo eine Webstube der Arbeitslosen ist, mitwebten, wenigstens einen eigenen Stuhl haben, weil mir sehr daran liegt, daß Sie möglichst viel zwischen den Leuten sind. Das hat uns bisher so gefehlt. Es ist daneben eine Vorratskammer für Garne, und darin werden die Druckstoffe gemacht. Ich denke mir, daß das so Ihr Reich werden wird.

In unserem Garten ist in diesem Frühjahr ein kleines Häuschen entstanden, mit dem Sinn, all diesen Hilfsarbeiten zu dienen. Dort müssen Sie ein bestimmtes Fenster und einen Tisch haben für Entwürfemachen etc. Dies Häuschen ist nur zum Handwerkern da.

Zwischen 9 und 1/2 10 Uhr kann man sich in unserer Küche ein zweites Frühstück holen. Da gibt es immer etwas, aber es darf keine Umstände machen, und stehenden Fußes kommt man da so ein wenig zusammen und kann schnell irgend etwas wieder beraten oder besprechen.

Von 11 1/2 bis 12 1/2 Uhr habe ich eine Zeit, in der ich nicht gestört sein möchte. Um 12 1/2 Uhr ist Essenszeit. Vielleicht können Sie es verstehen, wie es die anderen auch bisher verstanden haben, daß mein Mann und ich für gewöhnlich mittags allein zusammen essen. Weil wir uns so wenig sehen und mein Mann so angestrengt ist, bin ich zu diesem Ergebnis gekommen. Auch essen wir sehr schnell, was für andere ungemütlich ist. Dann würden Sie mit Fräulein Lotsch zusammen essen.

Um 12 Uhr beginnt die Mittagspause. Von 1 bis 2 Uhr soll möglichst für alle Ruhezeit sein. Ich habe von 1 bis 2 Uhr die Wachezeit im Hause. Um 2 beginnen alle Betriebe wieder zu arbeiten bis 6 Uhr. Wer zwischendurch Kaffee haben möchte, kann ihn sich holen.

Um 7 Uhr ist unser gemeinsames Abendessen. Danach ist jeder frei. Wenn aber die Winterabende kommen, habe ich es gern, daß wir vorlesend und handarbeitend zusammensitzen, bis zum halb zehn oder zehn Uhr zu Bett gegangen wird. Mit Fräulein Lotsch wollte ich gern abends allerlei lesen, was für uns jetzt in den Kirchenfragen weiter belehrend und vertiefend ist. Fräulein Stolze kann gut Klavier spielen, da kann dann abends auch regelmäßig Musik gemacht werden.

Sehr wichtig ist mir auch, eine bestimmte Stunde dafür festzulegen, in welcher wir irgend etwas in der Kunst zu lernen vornehmen können. Es sind verschiedene Personen hier, die sich für künstlerische Aufgaben interessieren."

Was es mit der „kleinen Schreibzeit" zwischen 7 und 8 Uhr morgens auf sich hatte, schildert uns Frau Schlottmann-Rohlfs, damals junge Mitarbeiterin der Hauptkanzlei:

„Eines Tages fragte mich Herr Gebauer bei seinem allmorgendlichen Begrüßungsrundgang, ob ich wohl Lust hätte, für Frau Pastor Julia v. Bodelschwingh zu schreiben. Das müßte aber schon eine halbe Stunde vor Bürobeginn, um 7 Uhr, angesetzt werden, da später im

Hause Bodelschwingh der große Besucherstrom einsetze, gerade auch für Frau Pastor. Ich hatte Lust — trotz der Schlafverkürzung.

Ohne anzuklopfen — das war ein ausdrücklicher Wunsch — betrat ich, mit Block und Bleistift ausgerüstet, das geräumige Wohnzimmer, in dem an der Längsseite eines schweren Eichentisches Frau Julia saß. Sie saß da nicht wartend auf ihre Schreibhilfe, sondern eifrig beschäftigt mit Flick- und Stopfarbeiten, neben sich einen riesigen Korb, voll mit Kleidern, Schürzen, Strümpfen, die ausgebessert werden mußten.

Die Briefe, die beantwortet werden sollten, lagen mit genauen Anschriften geordnet vor ihr. Während des Diktats gingen die Näharbeiten weiter. Ich schrieb, was sie sagte; und was sie sagte, war eine Unterhaltung mit dem Empfänger, als ob dieser ihr gegenübersäße. Meistens eine warme, fürsorgliche, herzliche Unterhaltung, die der Seelsorge bei ihren vielen Schutzbefohlenen nicht entbehrte. Es machte mir oft Mühe, diese Diktate in die Maschine zu übertragen, einfach deshalb, weil Frau Julia ihre „Unterhaltung" nicht im Briefstil führte, schon gar nicht in dem erlesenen und vollendeten von Pastor Fritz."

Die Stunde von halb zwölf bis halb eins, in der meine Tante nicht gestört werden wollte, war der Versuch einer vorverlegten Mittagsruhe. Es fragt sich aber, wie oft diese wirklich zustande kam; denn ein sicheres Zurückziehen war in dem allseits offenen Hause kaum möglich. Meine Tante verharrte im Wohnzimmer, nur eben aufs Sofa hingestreckt, aber durchaus sprungbereit. Nach Tisch durfte sie ja nicht ruhen, sondern mußte Wachtposten beziehen, um ihres Mannes nur zu kurze Mittagspause eisern vor Störungen zu schützen. Sie wußte, wieviel davon abhing.

Um diese Tageszeit hatte sie selbst eigentlich schon einen Achtstundentag hinter sich. Denn man muß bedenken, daß Frau Julia meist um 5 Uhr aufstand, gelegentlich sogar schon früher, um in der Morgenstille vieles zu erledigen, woran der große Ansturm von außen, der am Vormittag einsetzte, sie bestimmt hindern würde. Von der frühen Gartenarbeit ist schon berichtet worden. Auch wichtige Briefe wurden in dieser Zeit geschrieben und die Diktate vorbereitet. Außer sich war sie, wenn diese Morgenstunden verlorengingen, etwa durch eigenes Verschlafen oder weil ganz schlaue Mitmenschen schon vor dem Frühstück bei ihr auftauchten! Dann war kein Fertigwerden mehr, und abends wurde ein Seufzer des Bedauerns im Tagebuch verzeichnet.

Der Nachmittag verging durchaus ebenso arbeitsreich, und wie oft waren abends noch Gemeindeversammlungen oder Vorträge zu besuchen! Die im Brief entwickelten Feierabendpläne von Vorlesen, Musik und Kunstübung waren mehr Wunschträume als regelmäßige Wirklichkeit! Kein Wunder also, wenn Frau Julia rechtschaffen müde wurde, wenn sie gelegentlich einschlief, sobald sie zum Stillsitzen kam! Wir haben sie viel damit geneckt, ohne um die Hintergründe zu wissen. Ja, als ich zu einer Hochzeit die Tischkarten lustig zu bemalen hatte, versah ich die Karte meiner Tante ganz arglos mit einer Karikatur, die sie in einer Versammlung schlafend darstellte, das Haupt bedenklich auf die Schulter des erschrockenen Stuhlnachbarn geneigt. Frau Julia nahm so etwas überhaupt nicht übel, sondern hatte ihren Spaß daran, weil sie über sich selbst lachen konnte.

Wer Frau Julia begegnete, merkte sofort, daß er einen innerlich freien, von der Meinung der Allgemeinheit unabhängigen Menschen vor sich hatte. Dabei war sie eigentlich scheu und allem öffentlichen Auftreten abhold. Auch lag es ihr nicht, vor vielen zu sprechen.

Frau Julia malend
(um 1950)

Dann war ihre Redeweise unzusammenhängend, stichwortartig und wurde nicht ohne weiteres verstanden, am wenigsten von gutbürgerlich korrekten Menschen. Aber gerade diese wünschte sie aus ihrem Trott aufzuscheuchen und konnte dann recht angriffslustig werden. War Pastor Fritz zugegen und merkte er, daß ein derartiges Gespräch in eine Sackgasse geriet, so konnte er, von andern unbemerkt, seiner Frau still seine Hand aufs Knie legen; dann verstummte sie.

Als Kind habe ich mich manchmal gewundert, daß meine Mutter, wenn sie am Verhalten ihrer jüngeren Schwester etwas auszusetzen gefunden hatte, wohl mit einem Seufzer sagen konnte: „Julia ist eben eigentlich Malerin. Es ist ein Jammer, daß sie das Malen aufgegeben hat!" Wieso Malerin? Ich sah sie doch nie malen? Die herrlichen Aquarelle drüben im Hause brachte ich kaum mit ihr in Beziehung. Und von der jahrelangen Ausbildung meiner Tante wußte ich ebensowenig etwas wie die meisten Bethelbewohner. Daß hier kostbare künstlerische Kräfte wirkten, umgesetzt auf ein viel weiteres Gebiet, konnte ich nicht ahnen. Wußte Frau Julia das überhaupt selbst?

Natürlich hatte sie das Malen im tiefsten Grunde nie aufgegeben. Aber höchstens in den ersten drei Jahren ihrer Ehe war sie noch dazu gekommen, hatte sie auch regelmäßig mit Kindern gemalt. Vom Ausbruch des ersten Weltkrieges an hörten dann die Zeiten der Not und der äußersten Belastung der Anstaltsgemeinde und somit auch ihres Vorstehers nie mehr auf. Wie hätte Frau Julia da sitzen können und sich auf Malerei konzentrieren? Wo hätte sie es auch tun sollen? Das eingangs beschriebene Pfarrhaus bot gar so wenig Anreiz zu künstlerischem Tun! Auch war es stets bis unters Dach vollgestopft mit Gästen, Mitarbeitern, Flüchtlingen, Büros. Ja, im ersten Weltkrieg mußte noch die gesamte Lazarettverwaltung im Hause untergebracht werden, so daß der Bodelschwinghsche Wohnbereich wirklich aufs äußerste eingeschränkt war.

Erst viel später, 1933, errang meine Tante eine Art Atelier: An eine alte Fabrikmauer, die unsere Gärten von Norden her abstützte, wurde außen das sogenannte „Mauerhäuschen" angebaut, das zwei Werkräume mit durchgehender Fensterfront enthielt. Es war gemütlich und stilvoll, endlich ein kleines Reich nach Frau Julias Sinn! An den hellen Fensterplätzen ist viel entworfen, gemalt und gewerkelt worden. Auch meine Tante selbst fing hier wieder an zu malen. Als sie einen prächtigen Mohnblumenstrauß geschenkt bekam, griff sie auf der Stelle zum Pinsel und hatte das flammende Aquarell fertig, ehe die kurzlebigen Blüten abfielen. Auch als Treffpunkt der künstlerischen Mitarbeiter oder zum Feiern mit den Werkgruppen war das Häuschen köstlich geeignet. Im Kriege wurde es dann von einer Bombe getroffen.

Zum eigenen freien Malen kam Frau Julia eigentlich nur in den Ferien. Mit Wonne legte sie sich vorher das Material zurecht, überprüfte und ergänzte sie die Farben. Noch sehe ich die vielen neuen Porzellan-Tiegelchen, aus München bezogen, in Reih und Glied auf dem Fußboden sortiert liegen! Meine Tante hatte nämlich eine besondere Art, für die Urlaubsreise zu packen: In einem Zimmer bedeckte sie alle waagerechten Flächen — also auch den Fußboden — mit Bettlaken. Auf diesem weißen Untergrund wurde dann alles Mitzunehmende übersichtlich ausgelegt, und das Einpacken ging verhältnismäßig schnell, ohne Ablenkung durch Nicht-Dazugehöriges.

1927 machte Pastor Fritz mit seiner Frau zusammen eine Palästina-Reise. Dieser Urlaub mag fast der einzige gewesen sein, den die beiden wirklich frei erleben durften, ohne dienstliche Verpflichtungen, tägliche Diktate oder notwendige Kurmaßnahmen. Frau Julia hat auf Schritt und Tritt gemalt und viele schöne Blätter heimgebracht: Darstellungen der Grabeskirche in Jerusalem, vom Garten Gethsemane, vom Jordantal und See Genezareth sowie von den überraschend aufsprießenden unbekannten Blumen der Saron-Ebene.

Besonders schöne Aquarelle entstanden in jenen Ferien, die meine Tante bei ihrem Bruder Albrecht zubrachte, der sich im Salzburger Land niedergelassen hatte. Hier fühlte sie sich sehr wohl, wie in ihre Jugend zurückversetzt. Hier erholte sie sich auch von der in Norddeutschland immer weiter um sich greifenden Verschandelung der Landschaft durch geschmacklose Bauweise. Geradezu begeistern konnte sie sich für das oberösterreichische Bauernhaus, das einen Innenhof umschließt. Immer wieder äußerte sie den sehnlichen Wunsch, einmal ein solches Haus bewohnen oder bauen zu können. Aber noch mußte sie zurückkehren nach Bethel, in ihr Haus, so wie es war, und zu den Aufgaben, vor die sie sich gestellt sah. Von der Vielfalt dieser Aufgaben berichtet nun wieder mein Bruder.

Gelegentlich malte Frau Julia
mit Betheler Mitarbeiterkindern

Umgang mit den Patienten

Nachdem wir etwas von dem Platz vernommen haben, den Frau Julia an der Seite ihres Mannes in der weltlichen und geistlichen Leitung der Anstalt sowie in ihrem Hause einnahm, wenden wir jetzt den Blick auf sichtbare Einzelheiten ihrer Lebensarbeit. Die bestand eben nicht nur darin, ihren Mann auf seinen Wegen zu begleiten.

Sie baute in ihrem Hause etwas auf, was man eine Anstalt im Kleinen nennen könnte. Was Frau Julia schuf, war wie ein Gegengewicht, das der unvermeidlichen Schwere einer großen Anstalt entgegenwirkte. Ganz befriedigt dieser Ausdruck allerdings nicht, weil das, was Frau Julia in die Waagschale legte, die ausgeprägte Eigenschaft der Gewichtlosigkeit, der Leichtigkeit und Freiheit besaß. Alles war hier anders, als es die Norm in einem großen Gemeinwesen mit seinem unvermeidbaren Schematismus vorsieht. Aber gerade dieses gewichtlose Anderssein wirkte auf das ganze Anstaltsleben mit befreiender Kraft, half, aus eingefahrenen Geleisen herauszukommen, löste Vorurteile auf, gab Beispiele, wie man Menschen und Nöte auch anders ansehen und behandeln könnte. Daß dies alles manchem Mitarbeiter störend und beschwerlich vorkam, soll nicht verschwiegen werden.

Da waren also zunächst die Anstaltspatienten. Normalerweise haben diese im Direktionsgebäude nichts zu suchen. Bei Frau Julia aber gingen sie ungeniert ein und aus, sicher oft zum Ärger der betreffenden Pflegehaus-Leitungen. Gewiß war das eine unkorrekte Bevorzugung einiger weniger, denn die Tausende der Kranken konnten ja begreiflicherweise nicht kommen. Aber so wurde eine Nähe der Anstaltsleitung zum Alltag der Kranken geschaffen, die unmerklich, aber sehr wirksam alle Verwaltungsmaßnahmen beeinflußte. Dies war eine wesentliche Ergänzung der schon früher geschilderten intensiven Besuchsarbeit des Ehepaares Bodelschwingh in den Pflegehäusern.

Geben wir als einem Beispiel für ungezählte andere Günther Richter das Wort, einem noch heute in Bethel lebenden, schwer behinderten Spastiker:

„Als ich zehn Jahre alt war und zum Geburtstag von Pastor Fritz eingeladen wurde, empfing mich Frau Pastor mit den Worten: ‚Du mußt aber Tante Julia zu mir sagen, denn Frau Pastor klingt zu vornehm.‘

Als ich aus der Schule kam, wußte man mit mir wenig anzufangen. Aber Frau Pastor und Schwester Frieda v. Bodelschwingh wußten immer Rat und halfen, wo sie konnten. Zuerst bekam ich eine alte Schreibmaschine und lernte, für Frau Pastor kleine Briefe zu schreiben. Doch das war ihr nicht genug, denn ich sollte auch gelenkiger werden. Und so nahm sie mich als Bote, und ich fühlte mich wie Kind im Hause. Einkäufe mußte ich von da ab besorgen, und zur Erfrischung gab sie mir dann in ihrer gemütlichen Küche ein derbes Frühstück. Doch zum Essen kam ich wenig, denn immer wußte sie was zu erzählen oder zu fragen. Alles bewegte sie.

Zum Beispiel fragte sie mich eines Tages: ‚Weißt du, ob der Karl aus der Brockensammlung ein neues Saxophon bekommen hat?‘ Da ich es nicht wußte, mußte ich sofort hinlaufen und mich erkundigen. Und da er keines hatte, mußte ich sofort mit ihr nach Moster und eines besorgen und es ihm bringen. Am nächsten Morgen stand der Karl vor unserem Fenster und spielte ihr einige Lieder vor, so daß sie endlich bremsen mußte, sonst wären wir nie zur Arbeit gekommen.

Ein andermal schickte sie mich mit einem Brieflein zu einer nervenkranken Frau in Magdala. Diese Frau war ein Bild des Elends. Aber Frau v. Bodelschwingh hatte ihr ein Bild in den Umschlag getan mit einer Blume; darunter stand: ‚Ich denke an Sie und liebe Sie.‘ Ich vergesse nicht das Gesicht dieser kranken Frau, und die Augen leuchteten, und sie sagte nur: ‚Meine gute Tante Julia!‘

Einmal kam ein Arbeitsloser zu ihr und hatte Streit in seiner Ehe. Es ging lediglich um das Geld. Frau Pastor, kurz entschlossen, holte ihren großen Strohhut und zog ihre Sandalen an und sagte: ‚Günther, bleib so lange hier, ich muß da mal aufräumen‘. Nach einer Stunde kam sie ganz erschöpft wieder und sagte: ‚Das hat aber geknallt!‘ Als ich gerade zum Mittag gehen wollte, kam das Ehepaar Hand in Hand durch den Garten. Frau Pastor guckte durch ihren Schlitz und lachte. Der Mann übergab Frau Pastor einen dicken Blumenstrauß und sagte: ‚Es ist alles wieder gut, wir danken Ihnen!‘ Frau Pastor sagte schelmisch: ‚Wo ist denn das Geld her für den Blumenstrauß? Er ist doch nicht etwa geklaut?‘.“

Was mir an dieser rückspiegelnden Erinnerung von Günther Richter so gefällt, ist dieses: Es geht hier wie im Märchen zu. Ganz gewiß geschah in Wirklichkeit der Umgang von Frau Julia mit den Kranken viel prosaischer. In den Tagebüchern werden die meisten Namen der ab- und zugehenden Patienten gar nicht genannt. Sie gehörten gewissermaßen zur Hausgemeinschaft.

Aber dann tauchen hier, manchmal über lange Zeiträume hin, auch immer wieder Namen von Menschen auf, mit denen eigentlich niemand recht fertig wurde, von echten Sorgenkindern, die weder in das Schema der Welt der Gesunden noch in das der Kranken paßten. Ihnen hat Frau Julia in aller Stille unendlich viel Zeit gewidmet. Sie hat ihnen die Ausnahme gewährt, die im normalen Betrieb einer Anstalt nicht gemacht werden kann: Sie hat sie einfach die Atmosphäre ihres Hauses atmen lassen. Daß dies auch viel Not und Kraftverschleiß mit sich brachte, erfahren wir aus immer wiederkehrenden Tagebuchnotizen über Hilfen im Haushalt, wie sie Frau Julia neben voll leistungsfähigen gesunden Kräften einstellte. Da liest man dann: „N. N. wieder verschlafen. Nicht fertig geworden. Bullerig. Lange Aussprachen!“

Aus diesem Kreis seltsamer Hausgenossen sollen zwei Namen stellvertretend für viele andere genannt werden. Zuerst: Dortchen Husemann. Klein war sie, originell, doch unüberbietbar schwierig und von vitaler Dickköpfigkeit. Wehe, wenn sie Übergriffe anderer in ihr Gebiet, die Reinigung und Heizung von Büroräumen, nur vermutete! Schließlich ging es wirklich nicht mehr. Sie wurde in anderen Häusern Bethels und dann auch außerhalb als Pflegling untergebracht. Überall gab es wegen ihrer phänomenalen Streitsucht Krach. Immer wieder saß sie dann hilfesuchend und explosionsbereit bei Frau Julia, immer aufs neue wurden andere Auswege gesucht. Sie hat ihre geduldige Beschützerin noch um Jahre überlebt.

Eine ganz und gar andere Gestalt war wiederholt wochenlang als Gast im Hause: Die anmutige, hochbegabte Malerin Annemarie Weinhagen. Von äußerst labiler Gesundheit, ging sie mehrmals in Verwirrung heimlich davon und mußte angstvoll gesucht werden. Gleichwohl gelang es Frau Julia, die Freundin in vielen Bethel-Häusern zum Malen anzusetzen. Es entstanden eine Menge meisterhaft gezeichneter oder in Aquarell ausgeführter Porträts Betheler Persönlichkeiten: Von berühmten Gästen angefangen, wie Adolf Schlatter oder

Eugen Zeller, über altehrwürdige Mitarbeiter, wie Missionar Heienbrock oder die Hauseltern Wunder, bis hin zu den Patienten, deren zum Teil große Originalität Annemarie Weinhagen wahrhaft liebreizend wiederzugeben wußte. Diese Bilder wurden den betreffenden Pflegeheimen oder Wirkungsstätten als Wandschmuck übereignet. Es ist zu befürchten, daß die meisten dieser Kostbarkeiten entweder den Bomben des zweiten Weltkrieges oder später der Unkenntnis zum Opfer gefallen sind.

Einzig das Porträt des Schusters Dietrich Timmermann, der 50 Jahre als Patient in Bethel war und die fertig geflickten Schuhe austrug, ist als Kunstpostkarte allgemeiner bekanntgeworden.

Von diesem ständigen Umgang Frau Julias mit den mannigfaltigen Randsiedlern zwischen Krankheit und Gesundheit ging eine auflockernde, neue Einstellungen zu den Bethel-Patienten erweckende Kraft aus. Indem Frau Julia einzelnen Menschen nachging, sie hierhin und dorthin vermittelte, hatte sie nicht nur Gelegenheit, den Geist in den einzelnen Pflegehäusern zu erspüren, sondern sie impfte den pflegenden Schwestern und Brüdern ohne lange Reden ganz unvermerkt neue Phantasie, neue Geduld und Liebe zu den Kranken ein.

Der Schuhmacher Dietrich Timmermann
Aquarell von Annemarie Weinhagen

Das Haus Eben-Ezer (Holzstich um 1880)

Frau Julia (ganz rechts) mit ihren ersten
kranken Webern und Weberinnen (1914)

Die Webeschule

Während der geschilderte Umgang mit den Kranken sich meist in verborgenen Kanälen vollzog, nahm der Aufbau der Webeschule eine sehr sichtbare Gestalt an und wurde eine Pioniertat auf dem Gebiet der Werktherapie. Das Geheimnis der unerhörten Strahlungskraft, die von diesem neuen Unternehmen ausging, lag wohl darin, daß ihm gerade nicht der geringste Geruch eines klinischen oder therapeutischen Unterfangens anhing. Es kam vielmehr ganz ohne festgelegtes Programm zustande aus den frühen Erfahrungen eines Landkindes, dem der Umgang mit Flachs und Wolle, das Spinnen, Spulen, Weben und die vielen anderen dazugehörenden Verrichtungen einfach zum alltäglichen Leben gehörten. Am 9. 7. 1913 findet sich im Tagebuch die folgende kleine Notiz: ,,Nach Bersaba (ein heute nicht mehr bestehendes Haus am Kantensiek), wo Fräulein Strecker auf dem Boden neben Spinnweben webt." Es scheint, daß dieser Besuch bei einer Pensionärin den Anstoß für die Webearbeit gegeben hat. Frau Julia stellte zunächst in ihrer eigenen großen Küche einen Webstuhl auf. Dann wurden Räume in verschiedenen Pflegehäusern erobert, bis es schließlich zu einer richtigen Werkstatt in ,,Alt-Ebenezer" kam, dem ehemaligen Bauernhof und Erstlingshaus von Bethel, das zur Pflege nicht mehr benutzbar war.

Längst hatte ja der alte Bodelschwingh die Arbeit als Heilmittel entdeckt. Als gelerntem Landwirt lagen ihm natürlich die landwirtschaftlichen, gärtnerischen und handwerklichen Tätigkeiten am nächsten. Die frühen ländlichen Stationen auf ehemaligen Bauernhöfen und die Handwerksbetriebe, bewußt in der Form vorindustrieller Familienbetriebe aufgebaut, waren für die kranken Männer eine Wohltat. Da in sehr vielen Pflegehäusern selbst gekocht, eigenes Gemüse und Obst angebaut und Vieh gehalten wurde, gab es auch für die kranken Frauen viel sinnvolle und abwechslungsreiche Arbeit. Auch die Mithilfe in Haus und Küche, beim Waschen, Stopfen und Stricken sowie kameradschaftliche Handreichung in der Betreuung der Schwächeren war ihnen Ehre und Freude, nachdem sie früher zu Hause wegen der bekannten Gefahren durch die Anfälle meist an nichts herangelassen worden waren.

Und doch gab es eine große Zahl von Patienten, die an solchen Arbeiten nicht teilhatten, sei es, daß sie körperlich oder geistig zu behindert waren, oder daß sie ihrem Herkommen, ihrer Neigung nach für gröbere praktische Arbeiten nicht geeignet erschienen. Mit diesem angeblich nicht beschäftigungsfähigen Rest wußte man damals noch wenig anzufangen. Nur einige stumpfsinnige Arbeiten standen zur Verfügung, wie z. B. das Aufnähen von Wäscheknöpfen auf Dutzendkarten. An Geldausgaben für wertvolles Material und fachkundige Anleitung im Werken konnte damals nicht entfernt gedacht werden. So verfiel man auf die Herstellung unnützer Perlenkörbchen, Postkartenhäuschen, Deckchen und Kissen nach zweitrangigen Vorlagen, die den Geschmack verdarben und schöpferische Fähigkeiten nicht aufkommen ließen.

Es ist typisch für Frau Julia, daß sie diesen Mißstand erkannte und ihn durch schlichtes Zugreifen und Selber-Mitmachen anging. Sie wurde jetzt wieder selber zur Weberin. Aus dem Tagebuch geht hervor, wie sie sich immer wieder für ein, zwei Stunden Zeit zum Weben abstahl, wie sie dauernd die Arbeit des bald gewonnenen Webemeisters beobachtete und unterstützte.

85 Auch später, als sie sich zu Anfang des Kirchenkampfes immer mehr für die wachsende

Arbeit ihres Mannes bereithalten mußte und in Frau Benita Koch die kongeniale Mitarbeiterin gewonnen hatte, blieb dennoch die Webeschule das Kerngebiet ihres Wirkens unter den Kranken. Frau Koch zog, zuerst vorübergehend, dann aber wie selbstverständlich für dauernd in das Pfarrhaus Bodelschwingh als nicht mehr wegzudenkendes Glied der Familie ein. Ihr Wort der Erinnerung an diese Zusammenarbeit mit Frau Julia, die zu einer ganz seltenen gegenseitigen Ergänzung und Erfüllung führte, möge diesen Abschnitt beschließen:

„Unvergeßlich für mich die Begegnung, 1933, Berlin, Mommsenstraße, in der Zeit, als Pastor v. Bodelschwingh Reichsbischof war. Frau Julia suchte für ihre Arbeit in der Betheler Weberei einen Menschen, der sie vertreten konnte. Das führte uns zusammen.

Frau Julia kam mir schon auf der Treppe entgegen; wider alle vorgefaßten Vorstellungen von einer ‚Reichsbischöfin‘ in ihrem für sie charakteristischen hellen Kattunkleid und langer Schürze. Unser Gespräch war sofort intensiv. Es begann mit Flachsspinnen, Blaudruck und Indigo und ging weiter hin und her, fragend und berichtend. Es war alles so einfach, ja freudig, weil einer dem anderen die Liebe zur Sache abspürte. Dabei wußte ich mich auf eine besondere Weise beobachtet, gar nicht kritisch, sondern mit offenem und gespannten Blick; in ihm lag etwas von Kinderneugier einer reifen Frau. Das war sehr schön. Nachher, bei der Heimfahrt, hatte ich das Empfinden, es sei Entscheidendes geschehen.

Als Frau Julia als junge Frau nach Bethel kam, wollte sie echte, aufbauende Arbeit statt der damals oft recht sinnlosen Beschäftigung der Kranken in den Häusern. So schlug sie vor, sie zu sammeln und weben zu lassen. Sie hatte schon damals erkannt, daß Weben als Therapie seinen Wert hat, weil auch das bescheidenste Tun sinnvoll und sichtbar im Ganzen mitwirkt. Die Weite und Mannigfaltigkeit der Möglichkeiten ist so groß, daß für Schwache und für sehr Begabte richtige Aufgaben gefunden werden. Da man zuerst nicht darauf einging, stellte sie entschlossen in ihrer eigenen Küche den ersten Webstuhl auf. Das war der Anfang. Von daher wuchs die Werkstatt langsam und organisch weiter. Als ich dann 1934 nach Bethel kam, hatte die Weberei bereits fast 100 Webstühle. In einem Gebäude arbeiteten kranke Männer, in einem anderen kranke Frauen, handwerklich und diakonisch sehr gut betreut.

Außerdem gab es eine Abteilung, die durch die Initiative Frau v. Bodelschwinghs neu entstanden war, als in der schlimmen Zeit 1932 bis 1933 Arbeitslose sich um Hilfe an sie gewandt hatten. Frau Julia fand für sie neue Aufgaben. Es war eine bunte Schar, die hier auf gute Art beschäftigt wurde. Erstaunlich, wie sich die Männer, meist Industriearbeiter, umstellen konnten und nach den kleinen, reizvollen Aquarellskizzen Frau Julias aus Stoffen der Brockensammlung Teppiche webten, die in ihrer Originalität, Großzügigkeit und Qualität die üblichen Flickenteppiche weit übertrafen.

Ein anderer Bereich war das Wiederaufnehmen des Blaudruckes. Bei den alten Meistern im Ravensberger Land hatte Frau v. Bodelschwingh Rat und Hilfe gefunden: Indigoküpen waren angelegt worden und schöne alte Model zur Verfügung gestellt, mit denen man fröhlich experimentierte.

Doch das Schönste waren wohl die Stoffe und Decken aus edlem, handgesponnenen Flachs, großflächig, klar und stark in der Farbe.

Viel mehr aber berührte mich von Anfang an die Art, wie Frau Julia zugleich diesen Men-

schen begegnete: Ehrerbietig, behutsam, spontan, zupackend, auch einmal derb, auch einmal mißverständlich, doch immer mit ihrer ganzen Person. Das weckte Vertrauen.

Frau Julias Sinn für die Welt des Schönen wurzelte in der Tradition der alten Adelshäuser ihrer Kindheit und in der starken Verbundenheit mit dem bäuerlichen Leben der Heimat. Es war das Echte und das Klare in dem Schönen, das sie suchte; es war zugleich gebändigter Überschwang der Freude, der Ausdruck fand in ihrer Malerei und in der Art, wie sie Feste feiern und mit den Kranken Aufführungen gestalten konnte. Das prägte ihr Haus und gab ihrer Gastlichkeit den Charme. Nur Ästhetisches oder nur Modisches berührte sie nicht; auch nicht die neuen Probleme der Kunst ihrer Zeit. Und doch war sie ein Mensch, der mit brennendem Herzen in eben dieser ihrer Zeit gegenwärtig lebte."

Benita Koch
(Lichtbild von Vincent Böckstiegel
aus dem Jahre 1972)

Die Arbeitslosen des Eggetals

Die von Frau Koch erwähnte Teppichweberei mit den Arbeitslosen muß uns noch näher beschäftigen. Diese Männer stammten aus dem „Eggetal", einem dritten Längstal des Teutoburger Waldes. Während die beiden übrigen Täler von der Anstalt Bethel eingenommen werden, liegt im Eggetal eine ältere Vorstadtsiedlung. Obgleich alle drei Täler zusammen das Amt Gadderbaum bildeten und also eine gemeinsame Verwaltung und Gemeindevertretung besaßen (Gadderbaum ist neuerdings zur Stadt Bielefeld geschlagen worden), hatten wir Betheler in meiner Kinderzeit wenig mit den Eggetälern im Sinn. Man saß wohl in den gleichen Schulklassen der gemeinsamen Volksschule, aber sonst gab es keine näheren Beziehungen: Da drüben wohnten eben Fremde. Schon wir Kinder hörten, daß man dort „rot" wähle, und es also ganz andere Leute wären. Eine Anstaltsgemeinde verfällt eben leicht einer gewissen selbstgenügsamen Enge: Immer besteht die Gefahr, daß hier die Liebestätigkeit sozusagen amtlich geübt wird, so daß dem Anstaltsbewohner sein Soll in dieser Richtung als reichlich erfüllt erscheint. Ja, man lebte mit den Kranken und für die Kranken, man gab die üblichen Kollekten für kirchliche Zwecke reichlich, aber die nächsten Nachbarn wohnten jenseits eines Grabens. Das war verständlich, wenn auch im Grunde beschämend.

Doch Frau Julia sprang über diesen Graben! Ihr Tagebuch vermeldet schon in ihren ersten Ehejahren Besuche im Eggetal. Sie war es denn auch, die die Verantwortlichkeit für diese Nachbarn in das Bewußtsein der mit den Nöten in aller Welt bereits überbeschäftigten Anstaltsleitung rückte. Sie tat das in der Weise, daß sie diese für die meisten Bewohner von Bethel fremden Menschen zu Haus- und Arbeitsgenossen machte.

Das bedeutete für Frau Julia ein gerüttelt Maß zusätzlicher Arbeit. Das für die Teppichweberei nötige Material mußte aus den in der Brockensammlung in Mengen anlandenden alten Textilien aussortiert und, nach Stoffarten und Farben gesondert, in webbare Streifen geschnitten werden. Für alles trug Frau Julia hier Sorge: Daß die nötigen guten und scharfen Scheren vorhanden waren und immer rechtzeitig neu geschliffen wurden, damit sich niemand bei der Akkordarbeit eine Sehnenscheidenentzündung holte; daß die schwächeren Leute die dünneren und die kräftigeren die schweren Stoffe schnitten. Auch bedachte sie, wie man durch größte Ordnung der Arbeit vermeiden konnte, daß etwa ein armer Mensch in die Versuchung kam, bessere Stücke für sich beiseite zu legen, oder daß nur die leicht zu schneidenden Stoffe verarbeitet wurden und das übrige vorschnell in den Abfall wanderte.

Und dann: Daß jedem wirklich sein gerechter und möglichst hoher Lohn zuteil wurde! Es mußte also gerechnet werden. Damit sind wir beim Gelde. Frau Julia hatte ja von Jugend auf jeden Pfennig umdrehen müssen. So ging sie durchaus kundig mit dem Geld um, aber doch auf ihre besondere Weise. Den Umgang der geschäftstüchtigen Verwaltungsleute mit dem Geld betrachtete sie mit unverhohlenem Mißtrauen. Sie wußte aus bitterer Erfahrung, daß für ihre besonderen Nöte und Aufgaben niemals Geld da war. Wie der Bauer stets über schlechtes Wetter klagt, so beweist der Wirtschaftsmann geradezu berufsmäßig aus seinen Büchern, daß kein Geld da ist. Darum prägte Frau Julia den Satz: „Das Defizit kommt aus der Buchführung!" Sie versuchte, nach Möglichkeit ohne Geld und statt dessen im Tausch von Dienst und Gegendienst oder Naturalbezahlung auszukommen.

Einblick in Frau Julias Arbeits- und Wirtschaftsweise, wie auch in die bunte Vielfalt ihres Umgangs mit den arbeitslosen Männern, der sich nämlich keineswegs auf materielle Arbeitsbeschaffung beschränkte, mag folgender Brief gewähren. Sie schrieb am 28. 9. 1933 an die Studienrätin Margarete Muttray, derzeit Konrektorin der Sareptaschule in Bethel:

„Heute möchte ich eine kleine Anfrage an Sie richten. Seit dem Frühling habe ich in unserem Garten ein kleines Arbeitshaus mit den Arbeitslosen bauen dürfen, um dort fleißig und ungestört handwerkern zu können. Wir wollen vor allem auch malen. Manchmal will ich Stunde geben, wenn ich aber keine Zeit habe, könnte mich gut jemand vertreten. Aber kosten darf es nichts. Würde eine von Ihren Mitarbeiterinnen Lust haben, da mal mitzuhelfen, oder haben vielleicht begabte Schülerinnen Interesse daran?

Jetzt bittet das Haus Arimathia um Bilder, und da gibt es auch kein Geld, um etwas zu kaufen, und so suche ich nach hübschen Bildern aus Zeitschriften, die dann im Brockenhaus gerahmt werden. Aber es ist auch möglich, interessante Bilder zu kopieren. Ich möchte gern, daß die Kranken in Arimathia wirklich Vergnügen an den Bildern haben. Manchmal kann es auch etwas ganz Spaßhaftes sein.

Das Haus Arimathia gibt mir dafür Gemüse, was ich dann selbst kaufe oder an Nachbarn verkaufe. Einnahmen, die dabei zustande kommen, gehen in die Arbeitsgemeinschafts-Hilfe. In dieser Arbeitsgemeinschaft kommt es auf Leistungen an, und das bare Geld wird ausgeschaltet.''

Eigentlich immer ohne Geld, aber immer frei von Geld, sucht Frau Julia unablässig nach neuen Mitarbeiterinnen, denen sie die Reisekosten und ein winziges Taschengeld verspricht. Freundinnen hat sie ja in aller Welt, und so klopft sie höchst unmittelbar hier und da auf den Busch. Aus einem solchen Werbebrief:

„Heute morgen erlaubt mir die Zeit nur, überhaupt Dich zu fragen, ob Du gesund und unternehmungslustig bist, ob Du arm oder reich bist, ob Du evtl. mich ein paar Wochen besuchen könntest und als Gast mir helfen.
In Eile heute nur diese herzlichen Grüße Dir.''

Übrigens stellte Frau Julia an Mithelfende keine geringen Ansprüche! Wenn es sich um Gesunde handelte, legte sie als Maßstab gern ihre eigenen Fähigkeiten zugrunde. Als sie einmal eine Verwandte um die Lösung einer recht kniffligen Aufgabe gebeten hatte und mit dem Ergebnis nicht zufrieden war, gab sie die Sache meiner Schwester weiter und schrieb dazu:

„Einliegend ihre Antwort. . . . Aber ich merkte schon: So eine rechte Bohrkraft und ein Maulwurfsrüssel, der sucht und findet, ist da nicht vorhanden.''

So handwerklich reell die ganze Arbeit mit den Männern aus dem Eggetal auch aufgebaut war und so sehr sie sich von den oft öden und lustlos betriebenen „Notstandsarbeiten'' unterschied, war damit noch lange nicht das erreicht, was Frau Julia sich unter zwischenmenschlicher Hilfe vorstellte. Mit bloßer „Arbeitsbeschaffung'' — schon die Mißgestalt dieses Wortes verrät, daß hier etwas nicht in Ordnung ist — schien es ihr noch lange nicht getan. Sie sah nicht nur die Verbitterung der gewaltsam am Arbeiten und Verdienen gehinderten Menschen. Sie sah auch ihre geistige Verödung, die vielleicht gar nicht so ausschließlich durch ihre einseitige Arbeit an der Maschine verursacht war, sondern durch ihr Nichtgepflegtsein mit geistigen und geistlichen Anregungen.

Frau Julia kannte ja die Ungenießbarkeit des üblichen geistlichen Angebotes der Kirche. Und zwar kannte sie dies Problem nicht aus der Sicht eines engagierten Kirchenchristen, der sich den Kopf darüber zerbricht, wie man an die entkirchlichten Menschen herankommen könnte, sondern sie selbst hatte vor ihrer Ehe zu denen gehört, die vom Wort der Kirche nicht mehr erreicht wurden. Als ein Mensch, der von der Frage des eigenen Kirchenaustrittes umgetrieben worden war, sah sie natürlich die Dinge sehr viel konkreter und kritischer. Keineswegs hatte sie vergessen, daß sie einmal auf der anderen Seite gestanden hatte. Daß sie bei ungenießbaren Predigten konsequent einschlief, ist bezeugt.

Deshalb machte Frau Julia ihren Freunden aus dem Eggetal ein neues und von der Verabreichung einer üblichen Andacht völlig verschiedenes Angebot. Sie gewann nämlich den damaligen Inhaber des alttestamentlichen Lehrstuhls an der Theologischen Schule, Wilhelm Vischer, für ihre Arbeit.

Mit Aufzählung der Themen, die bei Vischers Männerabenden behandelt wurden, ist das Außerordentliche und Ereignishafte dieser Stunden gar nicht zu erfassen. Ob es um die Schöpfungsgeschichte, das Leben Jesu, die Lutherzeit, den Dreißigjährigen Krieg ging, immer war alles funkelnd neu und von hinreißend anschaulicher Sprachgewalt. Hier wurden nicht mühsam auf modern frisierte Puppen aus einem frommen Wachsfigurenkabinett vorgeführt, sondern man hatte den unmittelbaren Eindruck, einem Entdeckungsreisenden zuzuhören, der seine neuesten und noch nirgends zu lesenden Forschungsergebnisse vorlegt: Älteste Nachrichten der Bibel waren geladen mit der Hochspannung der Ewigkeit. Sie zündeten wie ein Blitz in das Heute hinein, erhellten und trafen das Herz und das Gewissen der Zuhörer, und zwar gerade in ihrer besonderen Situation und handgreiflichen Not.

Das war Speise nach dem Geschmack von Frau Julia. Hier gingen ihre Männer wirklich mit. Ja, es kamen in diesen Kreis auch noch andere Menschen von außerhalb Bethels, die alles andere als arm und arbeitslos waren: Sie fühlten sich angezogen, weil sie ebenfalls mit der üblichen Kirchenpredigt nicht zurechtkamen.

Als Wilhelm Vischer für Hitlers Geisteshelden zu gefährlich und darum verjagt wurde, gab Frau Julia die Männerabende nicht auf: Man kam eben ohne theologische Leitung zusammen. Vischers Nachfolger, der spätere Bischof Herntrich, stellte sich anschließend dem Männerkreis zur Verfügung, aber auch nur noch so lange, bis die Theologische Schule von der Hitler-Regierung geschlossen wurde.

Probleme der Kunst im Anstaltsleben

Die Erweckungsbewegung, aus der Bethel entstanden war, sah sich vor keine künstlerischen Probleme gestellt. Eine Ausnahme bildete die Musik, wenn auch hier zunächst die geistlichen Gesichtspunkte vor den kulturellen den Vorrang hatten. Es wurde viel und gut gesungen und in Posaunenchören ausgezeichnet geblasen. Die Schätze des Chorals und des Volksliedes wurden auf diese Weise in die Gegenwart hinübergerettet. Diese musikalische Tradition ist bis heute in Bethel mit großem Eifer fortgeführt und ausgebaut worden.

Auf dem Gebiet der Architektur aber gab es in Bethel keinerlei künstlerischen Ehrgeiz. Bei dem ständigen Mißverhältnis zwischen notvoll wachsendem Raumbedarf und größtem Geldmangel ging es einfach darum, so rationell wie möglich zu bauen und sich auch mit unschön wirkenden Anbauten weiterzuhelfen. Die große Bauperiode der neunziger Jahre brachte dann nach den früheren Fachwerkbauten, die dem alten Vater Bodelschwingh besonders lieb gewesen waren, jene typischen Anstaltshäuser nach damaligem Geschmack, der eben kein guter war.

Bethels Bewohner haben damals dies recht zwiespältige bauliche Bild kaum als störend empfunden. Anders reagierten auswärtige Besucher mit künstlerischen Ansprüchen; sie hatten natürlich keine Vorstellung von der bitteren Armut, in der Haus nach Haus entstanden war. Auch die junge Julia v. Ledebur hat 1897 nach einem Besuch in Bethel geäußert, daß sie „dort nie würde Boden fassen können". Als sie dann doch Bürgerin von Bethel geworden war, hat sie nie mehr ein Wort über die häßlichen Bauformen verloren. Sie hätte ja auch nichts ändern können. Außerdem entstanden ab 1910 viele neue Häuser, deren hellen und freundlichen „Landhausstil" sie vorbehaltlos bejahen konnte.

Was auf dem Gebiet der graphischen Gestaltung der Betheler Druckschriften geleistet wurde, war von sehr bescheidenem Zuschnitt. Ebenso herrschte beim Bilderschmuck in den Zimmern der Mitarbeiter unangefochten der kümmerliche, oft kitschige Geschmack aus der Zeit vor der Jahrhundertwende. Man hatte zunächst wahrhaftig andere Sorgen bei der Zurüstung der Mitarbeiter als die ihrer künstlerischen Geschmacksbildung! Vollends war das, was in den Pflegehäusern an den Wänden hing, einigermaßen fürchterlich. Die Bilder stammten meist aus Erbschaften oder aus Spenden von Leuten, die sich überlebter Kunstwerke gern entäußerten. Bei der in Bethel dringend gebotenen Sparsamkeit wäre es undenkbar gewesen, solche Gaben auszuschlagen und Geld für „Unnötiges" auszugeben!

Wir hörten schon, wie Frau Julia in aller Stille Wandel schaffte. Niemals verlor sie ihre Zeit mit Mahn- und Belehrungsreden gegen den Kitsch, niemals kehrte sie dünkelhaft die Künstlerin hervor. Wohl beobachtete sie genau, vertraute aber höchstens dem Tagebuch ihre Verwunderung über die geschmacklose Wohnweise auch akademisch gebildeter Mitarbeiter an. Sie zeigte einfach am Beispiel ihres Hauses und ihrer Werkstätten, was schön und echt ist.

Daß sie sich aber mit solcher gelassenen Überlegenheit zum Problem der landläufig fragwürdigen religiösen Kunst äußern konnte, wie es der nächstfolgende Brief zeigen wird, war nicht ihr persönliches Verdienst. Man war doch sonst recht schroffe Urteile auch über bedeutendere zeitgenössische Künstler aus ihrem Munde gewöhnt! Vielmehr war es die geistliche Autorität ihres Mannes, der sie lehrte, diese Fragen nicht nur ästhetisch zu behandeln. Überhaupt ist hier anzumerken, daß Pastor Fritz seiner Frau, der er auf ihren eigensten Gebieten größte Freiheit gewährte, gelegentlich sehr feste Zügel anlegte, wenn ihr Temperament mit ihr durchgehen wollte.

Einer Dame, die gegen kitschige Jesusbilder im Katalog der Betheler Kunsthandlung brieflich protestiert hatte, setzt Frau Julia auseinander, daß das Unterscheidungsvermögen zwischen echter und falscher Kunst bei vielen Menschen einfach nicht vorhanden sei und nur durch lange und geduldige Bildungsarbeit regelrecht gelehrt werden könne. Bethel brauche aber sein Geld zur Bekämpfung von dringenderen Nöten in der Welt. Wenn der Kitsch-Bekämpferin ihre Sache so schrecklich wichtig sei, solle sie doch 42,50 als Spende schicken, dann könne eine zur Zeit in Bethel tätige Kunsterzieherin einen Monat länger beschäftigt werden! Als statt des erbetenen Geldes ein neuer Anklagebrief eintrifft, antwortet Frau Julia:

11. 4. 1935

„Das Unglück besteht doch eigentlich darin, wie wir bisher festgestellt haben, daß einfach das Auge vieler Menschen gar nicht für die Unterscheidung geschult ist. Mir ist es wirklich mal bei Dürerbildern so gegangen, daß ein ganz prachtvoller Mensch mir sagte, es sei ihm eine Qual, Bilder von Dürer anzusehen. Weil er, wie ich glaube, ein frommer Christ war, hatte er auch den Mut, dies ehrlich zu sagen. Jetzt gibt es doch sehr viele Menschen, die gute Bilder nur aus Mode in ihre Häuser hängen, und sie hätten gar nicht die Ehrlichkeit zu gestehen, daß es ihnen ganz gleichgültig ist, womit sie ihre Zimmer schmücken.

Hinzu kommt das Unglück, daß man im Augenblick der Welt gar keinen größeren Gefallen tun kann, als alle Christusbilder aus den Häusern herauszuschmeißen, seien sie gut oder schlecht gemalt. Dieser Tage sagte mir jemand, der Sie gar nicht kennt: ‚Das muß doch wohl jemand geschrieben haben, der ganz einsam lebt und gar nicht weiß, was eigentlich passiert.'

Gerade fiel mir in diesen Tagen ein so schönes Wort vom alten Bodelschwingh in die Hände. Erlauben Sie mir, daß ich es aufschreibe: ‚Wir haben die Gegner nicht gerufen, aber indem sie heranrücken, wollen wir nicht protestieren und jammern, sondern uns ernstlich und mutig mit Waffen der Gerechtigkeit zum Kampfe rüsten. Hier gilt nicht Übermut, sondern Demut, nicht Selbsterhebung, sondern Buße, nicht Verzagtheit, sondern Glaube. Damit, daß wir unsere Gegener schlecht machen, ist uns nicht geholfen; wir müssen selbst besser werden.'

Nun weiß ich nicht, wie das so aus der Ferne geschehen könnte, das Arbeiten und nicht Schelten. Ich glaube doch: den Bleistift nehmen und selbst zeichnen. Wohl weiß ich, daß das gar nicht jeder kann, aber es bringt einen vielleicht doch auf das gesunde Verhältnis zu den Fragen.

Ich will immer glauben, daß Ihnen Ihr Anliegen ernst ist, und darum kann ich mir nicht denken, daß Sie nicht auch den Willen haben, ernsthafte Mitarbeit zu leisten und vom Weg des Scheltens einmal ganz und gar abzugehen. Verzeihen Sie, wenn ich das offen ausspreche. Ich hoffe, daß wir dann weiterkommen."

Zu der immer in schöner Blüte stehenden Betheler Kirchenmusik nimmt Frau Julia ebenfalls gelegentlich kritisch Stellung. Auch hier zeigt sie sich als Schülerin ihres Mannes, der **94** allem Singen in der Kirche diesen Maßstabe anlegte: Wird das Verständnis des Wortes und ein anbetendes Mitgehen der Hörer gefördert?

Im folgenden geht es um ein durchaus wertvolles doppelchöriges Werk von Christian Gregor (1723 - 1801, G. wirkte in Herrnhut), das in vereinfachter Fassung einige Jahre hindurch in den Hauptgottesdiensten der Adventszeit gesungen wurde. Des damaligen Kantors schönes Wagnis, einen großen antwortenden Chor aus gesunden und kranken Kindern räumlich getrennt im Kirchenschiff aufzustellen, war noch immer gelungen. Ja, die Kinder hatten, ihrer ehrenvollen Aufgabe bewußt, stets voller Inbrunst gesungen.

Nachdem am 1. Advent 1933 das Musizieren anscheinend unbefriedigend ausgefallen war, meldet sich Frau Julia sofort. Möglicherweise hat sie den verdienten Kirchenmusiker, der es an gründlichen Proben nicht fehlen zu lassen pflegte, schmerzlich getroffen. Aber der Brief ist, gerade in seiner Härte, für Frau Julia kennzeichnend. Sie schreibt an Herrn I. P. Seiler:

7. 12. 1933

„Ich freue mich immer so sehr auf das Adventssingen; aber darf ich vielleicht aussprechen, was mir am vorigen Sonntag aufgefallen ist? Ich habe des Eindruck, als wenn die Kinder das Hosianna-Rufen innerlich noch nicht verstanden haben. Ich hatte das Gefühl, als wenn gar keine Freude in dem Gesang gewesen wäre.

Sie wissen ja, daß ich nicht viel von Musik verstehe, wenigstens insofern, daß ich sie nicht selber ausüben kann. Ich denke mir, daß dies Hosianna-Stück künstlerisch nicht sehr wertvoll ist oder nicht als klassische Kunst zu bezeichnen. Aber es ist volkstümlich und erfreulich zu hören, und das Hin- und Herwerfen des Rufes könnte ja lebendig sein. Als ich es am vorigen Sonntag hörte, dachte ich, wenn ich es sehr scharf sagen darf: Es ist so wenig inneres Verständnis dabei, daß man ebensogut andere Namen hätte rufen können.

Es lohnt sich gewiß, den Sängern ganz lang und breit klarzumachen, was alles in diesem Empfang in Jerusalem beschlossen lag. Das Volk dachte doch zurück an die Führungen Gottes bis zur Erschaffung der Welt. Es kann ruhig viel Spannung hineingelegt werden, Angst und Not und Erwartung und Erstaunen und ein Vorwärtsschauen bis zur Erfüllung der Heilsgeschichte auf der ganzen Welt. In der Steigerung der Töne spürt man doch, daß eine innere Bewegung ausgedrückt werden soll, die ganz über die Grenzen des irdisch Tragbaren hinausgeht.

Ich fände es eine ganz große Freude, wenn gerade jetzt dieser Gesang mit viel Mühe und Anstrengung wertvoll gemacht würde. Ob es in diesem Fall nicht sehr auf das Dirigieren und Stehen vor den Sängern ankäme?

Es wäre wunderschön, wenn mit der Gemeinde zusammen recht eifrig an allem mitgearbeitet werden könnte, was auch äußerlich zur Erneuerung der Kirche beitragen würde.

Vielleicht ist meine Beobachtung eine irrige, und ich wäre dankbar, wenn Sie gelegentlich vorbeikommen und mir sagen würden, was Sie davon denken und was sich machen ließe. Wir müssen doch dahin kommen, daß wir wirklich das, was wir singen und sprechen, betend und mit ganzer innerer Beteiligung ausführen."

Obwohl Frau Julia von sich selbst behauptete, musikalisch ungebildet zu sein, hatte ihr

künstlerischer Spürsinn sofort gemerkt, daß hier etwas nicht mehr in Ordnung war. Die

Gründe lagen tief und können in der Einwirkung des Dritten Reiches gesucht werden: Die Chöre ware nicht mehr voll besetzt, vor allem mögen die gesunden Kinder gefehlt haben, deren Schulmusikunterricht Herr Seiler hatte abgeben müssen. Es zeugt von Frau Julias innerer Wachsamkeit in geistlichen Dingen, daß sie jetzt zu einer Mitarbeit der ganzen Gemeinde auch in kirchenmusikalischer Hinsicht rät, ja, daß sie zu einer entschlossenen Umstellung auf eine ganz neue Basis ermutigt.

Frau Julia als Schriftauslegerin

Wir haben im vorigen immer wieder von Frau Julias Kampf gegen Unechtes und Verkehrtes in kirchlicher Sprache, kirchlicher Kunst und kirchlichem Umgang mit dem Gelde gehört und manches von dem gesehen, was sie beispielhaft und oft auch provozierend anders machte. Aber wie sie selber das christliche Zeugnis als etwas eben nicht Schematisches und Betäubendes im persönlichen Bekenntnis von Mensch zu Mensch gesagt hat, das ließ sich bisher noch nicht wiedergeben.

In einem der ersten Kriegsjahre erbat Frau Dr. Antonie Nopitsch für den Bayerischen Mütterdienst von Frau Julia eine biblische Besinnung über das Thema „Die sechste und siebente Bitte des Vater-Unsers und unsere täglichen Widerwärtigkeiten". Frau Julia schrieb sie tatsächlich, und so haben wir nun das gesuchte Beispiel, das zugleich in ihren Alltag mit allem Angelaufensein hineinblicken läßt. Es sei darum, mit nur wenigen Kürzungen, hier eingefügt:

„Neben der Übersetzung von Luther habe ich die Übersetzung von Adolf Schlatter vor mir liegen. Sie lautet: ‚Und führe uns nicht in eine Versuchung, sondern rette uns von dem Bösen.' Läßt man auch nur flüchtig die Versuchungsgeschichten, die über alle Völker gegangen sind, von Adam und Eva an bis in die heutige Stunde (hiermit ist der Hitlerkrieg gemeint) am Auge vorüberziehen, so glaubt man, die ganze Welt sei überfüllt von Versuchungen. Allein schon der Gedanke daran ist nicht auszuhalten, wäre uns nicht von der christlichen Taufe her die Gewißheit noch größer: Vater unser, dein ist das Reich und die Kraft und die Herrlichkeit.

Nun soll sich mein Auge dem eingeschränkten Auftrag gemäß einer Stufe zuwenden, die wirklich klein und gering erscheint angesichts der weiten und hohen Stufenleiter im Bereiche der Versuchungen: Die täglichen Widerwärtigkeiten. Allen bekannt, allen ganz nahe. Wo es Kinder gibt, wo es Menschen gibt, wo es Feuer und Wasser, Brillen und Nahrung, Krieg und Frieden gibt, da fehlt das nicht. Ich möchte nun nicht durch eine Aufzählung das Heer der kleinen Feinde, die gerade Mütter bedrängen, aufmarschieren lassen. Es wäre auch unmöglich, da jede Frau in ihrem Gemüt ein anderes Verhältnis zu jedem Ding und Erleben trägt.

Ich möchte nun gern beobachten, wann und wo die alltägliche kleine Widerwärtigkeit in den Raum der Versuchung kommt. In den letzten Tagen habe ich besonders darauf achtgegeben. Zu meiner Verwunderung reihten sich zeitweise viele kleinere und größere Leiden aneinander, die ich nicht gerade mit Versuchung oder Anfechtung bezeichnen könnte. Diese Leiden entpuppten sich sogar als kleine Freunde in dem Sinn, daß sie Versuchungen oder sonst Schlimmeres verjagen halfen. Es ist mir der Vers lebendig geworden: ‚Leiden ist wie eine Wache, die im innersten Gemache des Gemütes Ordnung hält.'

Ich habe mich auch überzeugt, daß eine Reihe dieser kleinen wenn auch schmerzhaften Leiden ruhig wie eine Neckerei angesehen werden durften. Das kommt wie ein Zupfen und Prüfen, ein Kneifen, Spielen, Überraschen, manchmal wie ein völliges Auf-den-Kopf-Stellen.

Wer denkt dabei nicht an das Lied vom buckligen Männlein: „Will ich in mein Gärtlein gehn, will mein Zwiebeln gießen.' In den heutigen Bilderbüchern begegnet ein ziemlich garstiges Männlein einem Kinde. In den früheren Darstellungen ist es eine Frau, die ihre

Tagesarbeit tut und durch ein ehrbares Männchen beständig gestört wird. Das Ende vom Liede sagt: ,Liebes Kindlein, ach ich bitt, bet' fürs bucklicht Männlein mit!'

Es wird also angenommen, daß das Männchen durchaus seines Amtes gewaltet hat. Den Sinn des Liedes verstehe ich als eine volkstümliche Mahnung, daß wir uns über die oftmals geheimnisvollen Störungen nicht grün und blau ärgern sollen, sondern darüber lachen, selbstlos werden und nicht alles gleich tragisch nehmen.

Zwei Tage vor Weihnachten hatte ich Krieg mit dem buckligen Männlein. Mit Absicht versuchte ich, diese Art Überfälle leichter zu werten als eine Versuchung oder eine Anfechtung. Ich meine, solange der entstehende Schaden nur auf uns selbst zurückfällt, ist es anmaßend, den Stoß einer ,Versuchung' gleichzustellen.

In unserem Anstaltsleben ist es eine besondere Kunst, zum Fest fertig zu werden, weil viele, viele Häuser unserer Kranken Weihnachtsfeiern haben. Schon ein kleiner Teil von diesen miterlebt, verschluckt die ganzen Nachmittage und Abende acht Tage vorher. In meinem Haus lautete die Parole: Alles ist rein und fertig, kein Besen wird mehr angerührt. Alle Minuten des Hauswesens hatte ich berechnet, und ich kam aus. Nur noch sieben Postboten und unser Privatweihnachten standen auf dem Versorgungsplan."

Nun beschreibt Frau Julia drastisch, wie ihre eigene Schwester ein geliehenes Bett für einen Weihnachtsgast wiederhaben will, das aber schon für den gleichen Zweck fertig bezogen ist. Also Ersatzbett her, das durch Luftschutz auseinandergerissen, versperrt und verkramt auf dem Dachboden steht. Über dem allen wird der Weihnachtsbaumverkauf zu spät besucht. Nur ein zu großer Baum ist noch erhältlich, also wird er mit dem Beil kleiner gemacht. Und dann:

"Die Kraft reichte nicht, ich selbst und alle Hausbewohner hatten schlimme Finger oder überspannte Sehnen. Irgendwie kamen wir wohl zustande, aber ich kochte in stillem und lautem Zorn. Es war ein ganzer Tag geworden, der überall schief ging, eingerahmt von der Verdunklungsbeigabe abends und morgens je eine halbe Stunde. Mit den Postboten war es ganz aus, und ich konnte froh sein, als vor Neujahr freundliche Hände mir zum Abschluß halfen. Erst später begriff ich, daß es meine Selbstsucht war, die das Opfer so ungern brachte und meinen Tag erschwert hatte."

Dann aber schildert Frau Julia ein weiteres Erlebnis, das die Größenordnung einer Versuchung hat:

"Es kam ein Morgen im neuen Jahr, der mir nach mancherlei Ungemach so froh und besonders herrlich anzufangen schien. Noch beflügelt vom erfrischenden Lied der Morgenandacht wollte ich ans Tagewerk gehen. Da ist schon jemand im Zimmer und will mir eine Bestellung machen. Sie bezieht sich auf eine dritte Person, die mir lieb ist und die sich eben in schwerer Krankheit zum Sterben anschickt. Die Bestellung ist ungut und boshaft. Ich bin starr vor Überraschung. Ich erwidere irgend etwas, ohne weiter auf das Böse, Unnötige, fast Sinnlose einzugehen. Rasch bin ich wieder allein. Was sollte der giftige Pfeil, der mich treffen sollte und an mir vorbeiflog! Eine graue Traurigkeit will mir den frühen Morgen dunkel machen. Aber der Schrecken hat mich wach gemacht, und es wird mir ganz deutlich, daß jetzt eine Versuchung heranzukommen beginnt. ,Weicht, ihr Trauergeister, denn mein Freudenmeister Jesus tritt herein.' Solche Bitten, laut gesprochen, vertreiben das Fremde und haben es auch mir vertrieben.

Auch kleines Leiden kann zur Versuchung werden, wenn das Leiden nach der Seele greift und uns von Gott trennen will. Wenn wir aber merken, daß die Vorkommnisse uns im Gehorsam üben und im Willen stark machen, dann sind wir schon geborgen.

In diesen Tagen lesen wir gerade in der Morgenandacht die Bergpredigt. Es geht die Reihe um, jeder Hausgenosse liest zwei Verse.

In einer Mulde waren die Menschen um den Herrn Christus versammelt. Wie gern würden wir Frauen und Mütter wie damals im Gras der Galiläischen Berge sitzen oder knien und dem danken, der uns die sechste und siebente Bitte gab. Laßt uns ihm auch die Widerwärtigkeiten, ohne uns ihrer Kleinheit zu schämen, hinlegen. Dann stehen wir schon mitten im Sieg, da, wo die Engel dienen und der böse Feind keine Macht mehr findet."

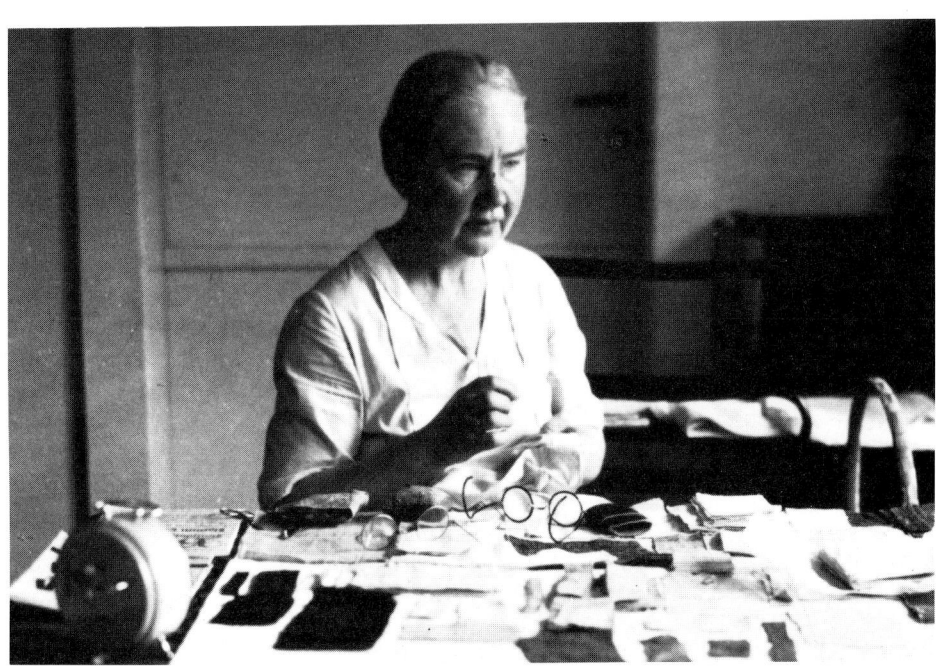

Frau Julia am Schreibtisch

Im Kirchenkampf

Seite an Seite mit ihrem Mann hat Frau Julia im Kirchenkampf der Hitlerzeit schwerste Anfechtungen erlitten. Spannungsvolle und dramatische Situationen hat sie aus nächster Nähe miterlebt. Aber sie wurde dadurch nicht zu einer Nachrichtenzentrale für ihren großen Freundes- und Verwandtenkreis. Sie hätte eine sehr ergiebige Quelle höchst interessanter Einzelheiten sein können. Doch sie zeigte sich als die vertrauenswerte Gefährtin ihres Mannes, indem sie schweigen konnte.

Obgleich Frau Julia selbstverständlich die Sache der Bekenntniskirche zu ihrer eigenen gemacht hatte, wollte sie mehr als eine bloße Parteigängerin sein. Sie fällt auch nicht in die Sprechweise, die sich bei den Kämpfern der Bekenntnisfront eingebürgert hatte. Typisch für ihre ganz unkämpferische Art, sich über das kirchliche Geschehen auszudrücken, ist ein Brief vom 21. Januar 1934:

„. . . Seit zwei Nächten erwarte ich meinen Mann von Berlin zurück. Aber er ist nicht übergekommen. Es liegt alles recht dunkel und schwer. Wenn ich mit in Berlin bin, ist es für mich leichter, weil ich dann immer wieder verstehen lerne, daß dies langsame und scheinbar unfruchtbare Dienen doch richtig ist. Gottes Mühlen mahlen langsam, und wir wollen immer sehen und nicht glauben.

Gestern sind ja 14 Vertreter beim Führer des Reiches gewesen. Von jeder Art sieben. Man weiß ja, wie an den Parteileuten festgehalten wird, und so dürfen wir nicht denken, daß von Menschen für die Kirche Hilfe kommt. Wir müssen wohl alle sehr aufhorchen, ob Gott vielleicht will, daß die äußere Form kaputtgeht. Es braucht uns nicht verzagt machen für das Kommen seines Reiches.

Mein Mann schrieb, daß in den vorigen Tagen Pastor Jacobi in Berlin von sechs jungen Leuten in der Wohnung überfallen und verprügelt worden ist. Für die, die das erleben, besonders für die Frau, muß es schrecklich sein, aber es scheint wiederum, daß diese äußerlichen schlimmen Dinge zum Aufwachen nützen für solche vielleicht, die die Macht des Satans noch nicht sehen wollen.

Ja, es ist auch eine große Schar, die zu kämpfen und zu leiden bereit ist. Man erfährt es nicht so viel voneinander, weil die Leute ja Angst haben. Die innere Wiedergeburt braucht ja auch viel Stille und viel, viel Zeit.“

Dieser Brief kennzeichnet ihre innere Haltung. Das gleiche tut ein einziger Satz aus einem Brief an die Frau Theodor Schlatters:

„Seitdem Du fort bist, bin ich fast täglich mit Frau Merz, Jasper und Brandt zusammengekommen, ganz kurz des Morgens, um zusammen ein Loblied zu lesen und der Bedrängnis der Zeit zu gedenken.“

Professor Schlink, Heidelberg, damals Dozent für Systematik an der Theologischen Schule zu Bethel, hat aus unmittelbarem Erleben für diesen Bericht seine Erinnerungen beigesteuert. Er schreibt:

„Mir erschien der Friede in Bethel, so schön er war, nicht selten als zu harmlos, und manche treuen Mitarbeiter in Bethel erschienen mir zu introvertiert. Sie schienen mir in uner-

laubter Weise die Augen vor der wirklichen Situation vieler Gemeinden und Amtsbrüder draußen zu verschließen oder ihre Leiden gar für selbstverschuldete Folgen ihrer Unvorsichtigkeit zu halten.

Ich habe diese Gedanken in Bethel nicht verschwiegen und hatte manche Gespräche über die mich bedrückenden Fragen. Dabei war der Austausch mit Frau Julia von ganz besonderem Wert. Mit einer höchst direkten Offenheit sprach sie über ihre Sicht der Situation.

Gelegentlich konnte sie auch harte Urteile fällen, und zwar auch über ihr und mir nahestehende Kämpfer der Bekennenden Kirche, weil gerade sie es besser wissen müßten als die anderen, worum es eigentlich ging. So, wie ihr die Schematisierung der Diakonie in einen kalkulierten Betrieb und die Verhärtung des kirchlichen Lebens in bürgerlichen Konventionen widerwärtig war, so fürchtete sie bei einigen Führern der Bekennenden Kirche eine Verschiebung vom Kampf für die Freiheit des Evangeliums und für die bedrohten Menschen zu einer Gesetzlichkeit, mit der der illegale Kampf für die von der Reichskirche getrennte Selbständigkeit der Bekenntnisgemeinden zum Selbstzweck wurde.

In der Beurteilung der Entscheidungen der Bekennenden Kirche sind wir nicht immer der gleichen Meinung gewesen. Wohl aber ist mir deutlich geworden, daß die eigentümliche Freiheit, in der diese Frau ganz und gar in Bethel und in der evangelischen Kirche lebte und doch zugleich Bethel und der evangelischen Kirche gegenüberstand, keinesweg nur von der Eigenart als Künstlerin zu verstehen ist.

Vielmehr war es die Freiheit eines Christenmenschen, der an das Evangelium gebunden und durch das Evangelium befreit worden ist. Weil sie sich durch Christus vom Gesetz befreit wußte, hatte sie die große Scheu davor, daß unter Christen neue Gesetze aufgerichtet würden, durch die dann die Verbindung mit solchen zerrissen wurde, mit denen Gemeinschaft im Glauben bestand. Von diesem Zentrum des christlichen Glaubens her ist auch der eigentümliche theologische Instinkt zu verstehen, mit dem sie in ihren Sympathien und Antipathien das Wahre und das Falsche, das Echte und das Unechte unterschied.

Die während des Kirchenkampfes schon Sechzigjährige steht vor meinem geistigen Auge immer als ein jugendlicher Mensch. Jugendlich in der großartigen Unbekümmertheit um das, was eingefahren war, und was ,man' für selbstverständlich geboten hielt (und es gibt ein solches fragwürdiges ,man' auch in der Kirche und ihrer Diakonie). Jugendlich in der unmittelbaren Frische und Treffsicherheit, mit der sie vieles sah, was die anderen nicht bemerkten, und vieles vorschlug und in Angriff nahm, was andere für unmöglich hielten. In dieser Jugendlichkeit hatte diese Frau einen ungewöhnlichen Charme, der mehr war, als man sonst mit diesem Wort verbindet. Es war das Charisma der Phantasie christlicher Liebe, die wie die Liebe Gottes nie alt wird, sondern jeden Morgen neu ist."

Gesundheitspflege mit dem, was die Natur gibt

Mit dieser Überschrift wechseln wir nicht das Thema, sondern bleiben bei Frau Julias aktiver, wenn auch nur indirekter Beteiligung am Kirchenkampf: Ohne ihre mit Konsequenz und Präzision geübte Gesundheitspflege wäre ihr Mann schon in den ersten Jahren nach 1933 nicht mehr arbeitsfähig geblieben. Man muß sich klarmachen, welch aufreibender Doppelbelastung Fritz v. Bodelschwingh standhalten mußte, als er im Mai 1933 zum Reichsbischof gewählt wurde. Und auch nach seiner gewaltsamen Absetzung zugunsten des „deutschen Christen" Ludwig Müller hat Pastor Fritz neben der nervenverzehrenden Anstaltsleitung in aller Stille als „heimlicher Bischof" weiterhin für die Bekennende Kirche eine riesige Arbeitsleistung vollbracht.

Es blieben die unzähligen Reisen und Vorträge, die stillen Beratungen, die seelsorgerlichen Gespräche quer durch alle Fronten hindurch. Wie viele in tiefstem Geheimnis bleibende Rettungsaktionen für bedrohte Anstalten der Inneren Mission hat er unternommen! Dann die auf Tod und Leben gehenden Kämpfe um die Euthanasie, wo es ja nicht nur um das Ringen mit den braunen Gegnern ging, sondern auch darum, übereifrige Aktionen seiner diplomatisch unerfahrenen Freunde, die seine eigenen Verhandlungen gefährdeten, zu verhindern. Und daneben, welche schier unfaßlichen Situationen in der Einzelseelsorge! Ist es doch geschehen, daß sich die Frau des Reichsbischofs Müller um Rat und Hilfe an den Gegenspieler ihres Mannes wandte!

War Pastor Fritz ein solcher Riese an Arbeitskraft und Gesundheit, daß er dies alles bewältigen konnte, ohne seine Frische und innere Sammlung zu verlieren? Wenn man auf diese Frage hin Frau Julias Tagebücher durchblättert, steht man tief erschrocken vor einem Rätsel. Da heißt es etwa:

„Wir beide halb tot vor Müdigkeit." – „Fritz wieder völlig am Ende seiner Kraft." – „Fritz wieder völlig heiser." Oder: „So total erschöpft, daß ihn selbst das vertrauteste Gesicht bei Tisch ängstigt."

Hunderte solcher Notizen ziehen sich durch die Jahre der Tagebücher hin, oft gehäuft vor oder nach entscheidenden Verhandlungen oder Bodelschwinghs mächtigen Predigten, etwa seinen unvergeßlichen Christvesper-Ansprachen. Eigentlich atemberaubend dramatisch, wie sich hier ein Mensch, dessen letzte Kraftreserven verbraucht waren, zu größten Leistungen aufraffte! Und anschließend ging es dann ohne Pause weiter: Reisen, neue Anforderungen, wo der Mann in Vollmacht gegenwärtig sein mußte und es dann auch war. Aber davon erfuhr niemand etwas. Gewiß wurde hier vor allem aus geistlichen Quellen geschöpft, die auch im leiblichen Leben Wunder zu wirken vermögen. Doch ebenso entscheidend war Frau Julias wache Fürsorge. In einem Brief nach Afrika heißt es:

„Heute fährt Fritz für ein paar Tage nach Berlin. Das kommt mir ganz merkwürdig vor, denn es ist nun ein Jahr her, daß er so krank war und die letzten Wochen in Berlin ein gräßlicher Kampf waren. Ich mußte immer einen ganzen Rucksack mit Umschlägen und Arzneien mitnehmen, die dann nachts angewandt werden mußten, damit Fritz die täglichen Anfechtungen aushalten konnte. Wie habe ich immer gebangt und gedacht, es müßte ein ganz schlimmes Ende nehmen."

Frau Julia war eine überzeugte Anhängerin der Naturheilkunde. Eine naturgemäße, übrigens aufs beste zubereitete Kost, Luft und Wasseranwendungen waren ihre unablässig und manchmal auch unter Protest ihres Mannes angewandten Hilfsmittel. Doch gab es — für Frau Julia eigentlich selbstverständlich — kein fanatisches Versessensein, keine Kräuterweibleinmanieren. Nur erfahrene und wissenschaftlich ausgewiesene Naturheilärzte wurden bei Erholungskuren in Anspruch genommen oder der verläßliche Freund Güthenke aus Gütersloh, der jederzeit wirklich kundige Hilfe zuteil werden ließ.

Darum war Frau Julia auch völlig frei darin, da, wo es nötig wurde, die „Schulmedizin" in Anspruch zu nehmen. Mit dem für das chronische Rippenfell-Leiden ihres Mannes zuständigen Facharzt, Dr. Spengemann, war sie in echter Freundschaft verbunden; sie gehorchte auch seinen Anweisungen. In demselben Afrikabrief heißt es weiter:

„Luft ist das einzige, was Fritz wirklich gut tut. Ganz geheilt ist die Lunge ja noch nicht. Daher steht uns leider bevor, irgendwann wieder Höhenluft aufzusuchen. Solange diese Sache nicht ganz in Ordnung ist, ist wenigstens Dr. Spengemann entschlossen dagegen, an den Plan einer Afrikareise zu denken. Es gehört sehr viel Energie dazu, diese Gehorsamswege der Gesundheit zu gehen.

Für Wochen und Monate, auch schon nach Weihnachten, sind die Tage gepflastert mit festgelegten Dingen. Das tägliche Leben und alles, was mit der Anstalt zusammenhängt, bringt oft eine große Kollision von Pflichten. Es reichen dann einfach die körperlichen und seelischen Kräfte nicht dazu aus."

Mit größter Energie zwang Frau Julia geradezu ihren Mann zu schnellen Erholungsreisen. Sie wählte Orte, Unterkunft und Behandlungsmöglichkeiten sehr sorgfältig, so daß sie sicher gehen konnte, ihren Mann nicht mit langweiligem „Kuren" zusätzlich zu ermüden. Sie brachte es fertig, am Urlaubsort sofort ein Gefühl des Behagens zu schaffen. Trotz minimalem Gepäck hatte sie stets das richtige für Wärme oder Kälte, Freude oder Erfrischung zur Hand. Hatte das Quartier irgendwelche Mängel, die Pastor Fritz in seiner großen persönlichen Bescheidenheit um keinen Preis beanstandet haben würde, so merkte sie den Mißstand sofort und genierte sich nicht, um Abhilfe zu bitten. Stets haben die Gastgeber, wer immer sie waren, ihr alle Bitten gern erfüllt, spürte doch jeder, daß hier viel auf dem Spiel stand.

Glücklicherweise harmonisierten die so verschiedenen Eheleute in ihrem Gefühl für genaue Zeiteinteilung, auch im Urlaub. Ja, gerade jetzt zeigten sie sich hierin als wahre Lebenskünstler, indem sie ohne Hast, aber auch ohne Zeitvergeudung die wenigen zur Verfügung stehenden Tage wahrhaft auskosteten. Zwar mußte Pastor Fritz mit dem Fortgang der Arbeit zu Hause verbunden bleiben. Meist wurde überhaupt eine treue Sekretärin oder sonst ein vertrauter Mensch, der stenografieren konnte, mitgenommen, und ein bis zwei Stunden konzentrierten Diktates mußten im Vormittag eingebaut werden. Aber dann wurde gewandert, sofern die Kräfte es irgend erlaubten, mit Rucksack und Landkarte, und möglichst jeden Tag auf neu zu entdeckenden Wegen.

Immer wieder ist Frau Julia auf der Suche, den rechten Menschen zur Hilfe in ihr unruhiges, gästevolles Haus zu bekommen. Da gelingt es ihr, ihre leibliche Schwester Bertha, die bisher als Diakonisse ein großes Altersheim in Frankfurt leitete und nun in den Ruhestand geht, als zuverlässige Vertreterin zu gewinnen. Aber die Schwester wird krank und bekommt nun einen Krankenbrief:

„Wir sind sehr betrübt, daß Du noch so krank bist. Nun paß bloß auf, daß Du uns nicht noch jetzt wegstirbst!"

Das war kein leichtfertig witziges Reden über das Sterben, sondern Ausdruck jener bäuerlichen Lebenshaltung, nach der nämlich in Zeiten großer Arbeitsanspannung, wo auch die Hände der ältesten Großmutter unentbehrlich sind, einfach nicht gestorben werden darf! Schwester Bertha hat sich denn auch gehorsam diesem Sterbeverbot gefügt, ist in Haus Burg eingezogen und hat noch jahrelang ihrer Schwester tatkräftig zur Seite gestanden. Ich habe es von ihr erlebt, daß sie nach einem Besuch der Gestapo durch das ganze Haus lief und sämtliche Fenster weit aufmachte, damit „der satanische Gestank abziehen konnte".

So waren eben diese starken Frauen, die das Böse ganz leibhaftig erlebten und haßten. Darum liebten sie das Gute aber ebenso leibhaftig. Darum war für sie die pflegende Fürsorge für den kranken und bedrückten Menschen nicht auf das Einnehmen von Tabletten, sondern auf die Zuhilfenahme der ganzen, schönen, unverfälschten Natur mit all ihren Kräften eingestellt. Das bedeutet nicht, daß Frau Julia aus ihren handfesten Erfolgen mit naturheilmäßiger Pflegekunst irgendwelche Geringschätzung der fachärztlichen Kunst ableitete. Während sie über salbadrige oder gar eitle Pastoren ihrem Tagebuch saftige und wahrhaft existentielle Kritiken anvertraute, findet sich über die Ärzte und ihre Behandlungsmethoden keine einzige kritische Silbe.

Dennoch war ihr Begriff von einem heilsamen Lebensraum weiter als der einer nur medizinischen Fürsorge. Für entlassene Patienten, die aber doch nicht zu voller Gesundheit gelangt waren, regte sie völlig anstaltsferne, ländliche Wohnstätten an, in denen eine planmäßig aufgebaute naturgemäße und kräftige Lebensweise durchgeführt werden sollte. Aber auch hier hielt sie die Überwachung der Rehabilitanden durch einen naturheilmäßig orientierten Arzt für unerläßlich. Solche Pläne bedeuteten aber keineswegs, daß Frau Julia den Lebensraum Bethels für die Kranken negativ beurteilt hätte. Ihre unablässigen Anstöße zur schöpferischen Anregung der Kranken entsprangen einer großen und fröhlichen Bejahung des Ganzen. In einem langen Brief an eine gelähmte Freundin, der sie Mut machen will zur Übersiedlung in ein Betheler Krankenhaus, gibt sie ein leuchtendes Bild dieses Hauses und seiner Umgebung. Diese Schilderung ist aus doppeltem Grunde mitteilenswert. Einmal zerstört sie in erquickender Stärke das sentimentale Bild, das sich bis heute auch gutwillige Außenstehende von der „Stätte des Elends" machen.

Sodann wird hier eine nicht zu unterschätzende Beschreibung dessen gegeben, was Frau Julia unter einem wirklich heilkräftigen Lebensraum für Kranke versteht. Ihre Vorstellungen gehen weit hinaus über nur technisch vollkommene Einrichtungen, über bloß „schöne" und „pflegeleichte" Parkanlagen, in denen sich die Patienten in einer zwar gepflegten, aber letztlich sterilen Krankenhauslandschaft „ergehen" und doch von dem wirklichen Leben isoliert bleiben. Hier also der Brief vom 17. 4. 1935. Zuerst beschreibt Frau Julia die weniger angenehmen Seiten des Krankenhauses Dothan:

„Meine Schwester, die dort täglich eine kranke Cousine besucht, sagt: Man merkt, daß

Epileptische im Haus sind. Man hört auch manchmal Schreie aus dem benachbarten ‚Patmos', wo die epileptischen Kinder sind. Sie sagt: Im ganzen Haus ist viel Elend. Ja, es ist ein Krankenhaus.

Und nun die angenehmen Seiten: Ich zeige meiner Begleiterin, Frau Koch, rechts über der Hecke die großen Erdbeerfelder. Hier pflücken im Sommer von früh morgens im Tau an die Kranken die Erdbeeren. Nachher schneiden sie Dahlien oder Astern. Jedenfalls sind es größere Strecken Felder mit Blumen zum Verkauf.

Und dann im Haus selbst: Die erfahrene Schwester Riekchen, soweit ich sie kenne, ist zart und derb zu gleicher Zeit. Jedenfalls hat sie eine ungeheure Übung und Erfahrung aus eigentlich nur schwierigen Fällen, schwierigen Menschen. In Geduld ist sie ganz bestimmt geprüft nach allen Richtungen. Bis vor kurzem habe ich lange Zeit ein altes Fräulein da besucht, das in seiner Altersschwäche geradezu hexenhaft und mit Schimpfen und Anforderungen eine Qual für die Menscheit wurde. Aber Schwester Riekchen hat das nie tragisch genommen. Wenn andere die Kranke ins Irrenhaus wegschaffen wollten, hat sie immer schützend und liebend die Hand über sie gehalten.

Der ganze Komplex um Dothan herum hat Sonne, und obschon gar nicht weit Elendshäuser sind, wird durch die dazwischen liegenden übersehbaren Gärten eine kleine Fröhlichkeit gebreitet. Wo Epileptische sind, ist es überhaupt fröhlich und lebendig. Es sind ja so viele hochbegabte Menschen dazwischen und so viel originelle, schwierige und spaßhafte, alles durcheinander und aus allen Gegenden Deutschlands. Langweilig ist es nicht!

Wenn die Rollstühle im Sommer in den Garten gefahren sind, schaut man gern zum Bethelweg hinauf, wo auch manchmal die Ausflüge mit Musik vorbeiziehen und die Vereine spazieren. Und die Kirchgänger gehen wohl viel den Weg. Hier liegt auch ganz nah das Haus vom Chefarzt, Herrn Professor Villinger, einem klugen und angenehmen Menschen mit sehr lieber, künstlerischer Frau; ihre lieblichen Kinder fahren dort mit Puppenwagen auf und nieder. Mehrere junge Dozenten- und Ärztefamilien wohnen an dem Weg oben, und ich glaube, daß manch eine von den Frauen gern einmal bei Dir hereingucken und Dich besuchen würde.

Jeden Morgen früh um sieben Uhr wird irgendwo draußen ein Choral geblasen, von irgendeinem flachen Dach. Im Sommer hört man noch mehr Posaunen und Gesang von verschiedenen Ecken erschallen. Es ist ja viel gesunde Jugend hier. An dem Bethelweg liegt auch die Theologische Schule, wo fast 200 Studenten lernen.

Jeden Sonntagmorgen hat Dothan einen Gottesdienst für sich durch seinen Seelsorger, Herrn Pastor Wilm (Pastor Hermann Wilm, Vater des späteren Präses Ernst Wilm)*, einen älteren, sehr sympathischen Mann, seit Jahren mit uns befreundet; die Frau stammt aus Schottland."*

Dann erzählt Frau Julia von ihrer Freundin und Mitarbeiterin in der Webeschule, Frau Benita Koch. Sie tut das ganz ohne damit zu renommieren, daß Frau Koch vom Bauhaus in Dessau kommt:

„Sie hat jahrelang einer Kunstschule vorgestanden und kennt sehr viele künstlerische Menschen. Obwohl sie aus einer ganz anderen Welt kommt, arbeitet sie sehr gern hier und packt Menschen, Dinge und Verhältnisse von einer ernsten, tiefen, reinen Seite an. Sie wohnt bei uns im Hause."

Das ist das Bethel, wie es Frau Julia sah und liebte und dem sie viel heilende und tröstende Kraft zutraute.

Urlaub in den Bergen

Eine mächtige Erfüllung

Haben wir bisher versucht, unter thematischen Überschriften etwas vom Wesen und Wirken Frau Julias in Bethel an der Seite ihre Mannes sichtbar werden zu lassen, so sollen die letzten Seiten dieses Berichtes noch etwas von ihren Altersjahren erzählen. Wieder kann eine wesentliche Erinnerung von Professor Schlink weitergegeben werden, diesmal aus dem Jahr 1945, in dem die Kriegsnöte ihren Höhepunkt erreichten:

„Es war zugleich die Zeit des Ringens von Frau Julia um das durch Krankheit und Schwäche gefährdete Leben ihres Mannes. (Zu den bisherigen Leiden war als Folge der Kämpfe um das Leben der Kranken eine bedrohliche Erkrankung an Magengeschwüren getreten.) In dieser Zeit war kein Planen und Gestalten mehr möglich. Es blieb fast nur noch die Dimension des Hörens auf Gottes Wort und der Anrede Gottes im Gebet geöffnet.

In der letzten Kriegszeit habe ich Frau Julia noch gelegentlich in den Bittgottesdiensten gesehen, die ich am Samstagabend regelmäßig in der Neustädter Kirche hielt. Ihr Gesicht war geprägt von dem Ausdruck eines totalen Wartens, — eines Wartens auf den Gott, der auch durch die Untaten unserer Feinde handelt und ohne dessen Liebe uns kein Leid treffen kann."

Eine andere Erinnerung stammt aus dem Kriegsgefangenen-Hochschullager „Norton Kamp" in England, das der unvergeßliche schwedische Pfarrer Birger Forell begründet hatte. Forell und einige andere ökumenische Abgesandte hatten im Herbst 1945 eine erste Reise in das verwüstete Deutschland machen können und berichteten der Lagergemeinde von ihren Eindrücken. Die Berichterstatter waren bemüht, wahrheitsgemäß die Lage in Deutschland zu beschreiben und uns Kriegsgefangene doch nicht durch die Schilderung der trostlosen Lage völlig zu entmutigen. Sie waren auch in dem zertrümmerten Bethel gewesen und erzählten dann von einem Erlebnis, das sie in ihrem Mit-Leiden all der tiefen Erschöpfung erquickt und wie ein heller Schein über der ganzen dunklen Reise gestanden hätte: Die Begegnung mit Frau Julia. Mitten in aller Zerstörung ein heller und heiler Mensch. In ihrem ärmlichen Gewand sei sie ihnen einfach festlich gekleidet vorgekommen. Festlich die gastliche Freude, festlich das fortwährende Weiterschenken von dem Letzten, was sie noch hatte. Einer von den Menschen, die das Wunder des Pauluswortes wirklich leben und weitergeben: „. . . als die da nichts haben und doch alles haben."

Am 4. Januar 1946 starb Pastor Fritz. Einige Sätze aus Frau Julias Bericht über das Sterben dürfen hier nicht fehlen:

„Einen Arzt herbeizubitten, lehnte er energisch ab und sagte, ein Gesicht würde ihn anstrengen, und er habe schon Linderung. Wenn er nicht schlief, las er in dem Buch von ‚Leberecht Hühnchen'. Ich ging nicht zu Bett, wir fanden es beide gemütlich in seinem Arbeitszimmer zwischen den Büchern.

Vorher mußte ich mehrere Telefongespräche führen, und zwar so, daß er sie genau hörte. Es betraf die Fahrt, die am anderen Morgen früh nach Salzgitter geschehen sollte. Dabei sollte nichts versäumt werden an Dringlichkeit und Einsatzbereitschaft. Es quälte ihn ja so der Platzmangel in Bethel. Zu viel ist durch die Angriffe abgebrannt. Ein schnelles Zupacken zu Baracken für Flüchtlinge brannte ihm auf der Seele.

Gegen Morgen wollte ich ihn warmen Tee trinken lassen, legte seinen Kopf in meinen Arm, um das Trinken mit dem Löffel bequemer zu machen. Da sah ich in seinen Augen, wie die merkwürdige Abholung geschah. Ohne irgendeinen Ton, ohne irgendein Schmerzenszeichen. Tiefste Stille, das Gesicht lauter Zufriedenheit. Mir war kein Zweifel, daß Gottes Befehle geschahen. Das Reich der Engel um uns. Ich glaube, ich bilde mir nicht ein, daß eine große Überraschung da war. Diese Überraschung war herrlich, selige Freude für uns alle beide, und dies ist mir geblieben als echtes Stück — ich wage es zu sagen: „Freude, Freude über Freude, Christus wehret allem Leide', — irgendeine mächtige Erfüllung!"

Am ersten Silvesterabend in ihrer Ehe hatte Frau Julia geschrieben: „Endlich am Mittag kam die Heimsuchung. Am Mittag richten sich die Augen auf den Abend." Dieser Abend brach jetzt an. Weil sich schon am hohen Mittag die Augen auf ihn gerichtet hatten, kam er nicht wie ein Dieb in der Nacht, sondern er war erwartet und bereits am Mittag als heilige und gute Ordnung Gottes angenommen worden.

„Irgendeine mächtige Erfüllung", am Sterbebett ihres Mannes empfunden, war mehr als Gefühl, sondern erwies sich als eine tragende Wirklichkeit. Wer das Sterben des einzig geliebten Lebensgefährten so, als Erfüllung, und nicht als sinnloses, viel zu frühes Ende anzunehmen die Gnade hat, ist vor trostloser Traurigkeit bewahrt. So erlebten wir Frau Julia niemals als zerbrochene Witwe, auch nicht als eine Frau, die mit unnatürlicher Willenskraft ihren Schmerz niederzwingt, sondern als einen Menschen, der damit Ernst macht, die Verwaltung des überkommenen Erbes gehorsam in die Hand zu nehmen.

Vater Bodelschwingh hatte unablässig seine Gemeinde der Kranken gelehrt, sich nicht im Klagen über die verlorene Gesundheit zu verbittern, sondern die große Kunst des Dankens zu üben. Gerade denen, die von der kaltherzigen Außenwelt als „Unheilbare" abgetan wurden, pflegte er zu sagen: „Wer danken gelernt hat, ist gesund geworden."

Diesem Wort lebte nun auch seine Schwiegertochter nach. Das wurde ihr vor allem von der Gemeinde der Kranken leicht gemacht. Viel unmittelbarer als es die oft so verlegenen „normalen" Menschen vermögen, können ja die Anfallskranken ihre Mittrauer und ebenso ihren Trost zum Ausdruck bringen. Starke Bibelworte und Gesangbuchverse, deren Kraft sie selbst erfahren hatten, sagten und sangen sie ganz einfältig und direkt ihrer Anstaltsmutter zu. Oder es kamen die ganz Schwachen und spielten auf ihrer Mundharmonika. Vielleicht war oft die Melodie kaum erkennbar, aber man spürte, mit welcher Liebe gewählt worden war! Mit großer Treue übten die Kranken ihr Trostamt aus. Pünktlich jeden Tag erschien der unvergeßliche Alfred, der jahrelang mit seiner Karre die Liebesgabenpakete zum Weihnachtshäuschen fuhr, und sang einen Vers, den er sorgfältig vorher im Gesangbuch ausgesucht hatte. So gab es keine stumme Trauer und Einsamkeit im Hause Bodelschwingh.

Dazu half auch ein anderer Umstand: Die Arbeit von Bethel ging weiter! Hier erwies sich die Gestalt des damaligen Konsistorialrates Rudolf Hardt als entscheidende Hilfe, ein wahres Geschenk des Himmels. Er hatte, obgleich er ein entschiedenes Mitglied der Bekennenden Kirche war, seine Stellung im keineswegs entsprechend ausgerichteten Konsistorium in Münster als Referent für die Innere Mission von Westfalen halten können. Als wirklicher Fachmann in den Fragen der Diakonie war er in seiner Behörde unentbehrlich geworden, vor allem auch deshalb, weil er ein Meister der sachlichen und zugleich warmherzigen Verhandlung war. In unzähligen Gemeinden hatte er zerstrittene Parteien wieder zusammengebracht. So besaß er Ansehen und Vertrauen rings im Lande. Seit langem mit Pastor Fritz nicht nur beruflich, sondern als persönlicher Freund verbunden, hatte er sich diesem in seinen letzten Lebenswochen als Mitarbeiter zur Verfügung gestellt und war in alle wichtigen Fragen eingeweiht. So konnte er unmittelbar nach dem Tode von Pastor Fritz das Steuer der Anstaltsleitung ergreifen. Das war für die Anstalten, aber natürlich auch für Frau Julia ein großes Geschenk. Sie konnte in ihrer Wohnung bleiben und weiter allem Geschehen nahe sein.

Dies Geschehen war ja bewegt genug: Die Anstalt war nicht nur überfüllt von Hilfesuchenden aller Art, sondern viele bedeutende Männer und Frauen stellten sich als Helfer und Mitarbeiter ein. Das Köstliche dabei war, daß diese gar nicht nur für die materiellen Nöte ihre Erfahrung und ihr Können zu Verfügung stellten, sondern daß sie leidenschaftlich um die Gewinnung der geistigen und geistlichen Grundlagen eines Neuaufbaues rangen. So blieben die schönen, hellen Räume des Pfarrhauses der Versammlungsort für viele Gesprächsrunden, von denen entscheidende Anstöße für die weitere Arbeit ausgingen. So war Frau Julias Leben nicht leer. Viele neue und wertvolle Menschen traten ihr nahe. Mitten in aller Traurigkeit, in allem Andringen unzähligen Menschenleids erlebte sie wunderbaren Gewinn aus der starken Gemeinschaft mit Menschen, die den bleibenden Grund allen Menschenlebens gefunden hatten oder ganz neu nach ihm suchten.

Scheinbar unverändert geht der äußere Lebensweg auch nach dem Tode des Lebensgefährten weiter. Frau Julia richtet wie bisher die Pfarrkonferenzen in ihren trotz aller Bombenerschütterungen immer noch schönen Räumen aus und schmückt sie mit Blumen. Sie kann die großen Zimmer sogar noch eine gute Zeit gegen ihre Verwendung als Büro verteidigen, was aber schließlich unabwendbar wird, als die Anstalt Bethel ihr neues Verwaltungsgebäude der in Münster ausgebombten westfälischen Kirchenleitung zur Verfügung stellt.

Noch fährt Frau Julia fort, als Hausfrau die unzähligen Gäste aus dem In- und Ausland zu bewirten. Um die dafür nötigen Lebensmittel zu beschaffen, unternimmt sie bei schlimmsten Verkehrsverhältnissen strapaziöse Fahrten zu Verwandten oder bäuerlichen Freunden im Ravensberger Land. Diese Reisen dienen natürlich gleichzeitig der Fürsorge für einzelne und ganze Gruppen von Menschen in besonderer Not. Die weiträumigen Gutshäuser auf dem Lande waren ja kleine Flüchtlingslager geworden. In dem schönen Schloß Gartow an der Elbe hilft sie, ein Altersheim einzurichten und unterstützt eine Nichte in der Mühsal der Leitung.

Als in Bethel der neue Gemeindepfarrer Röhrig seine die ganze Gemeinde tief erschütternde Antrittspredigt gehalten hatte und man anschließend zu einem bescheidenen Essen versammelt war, platzt Frau Julia in den festlichen Kreis mit der Forderung: „Nehmt eine große Gruppe von Kindern, die soeben in Gartow eingetroffen sind und dort schlechterdings keinen Platz finden, in Bethel auf!" Darauf betretenes Schweigen. Alle anwesenden leitenden Mitarbeiter wissen ja: Auch Bethel ist restlos überfüllt. Die junge Frau Röhrig ruft: „Legt zwei Kinder in ein Bett, dann habt ihr Platz genug!" Und Frau Julia: „Räumt doch Sitzungszimmer, man braucht nur die paar Tische und Stühle herauszutun, dann ist doch Platz!" Die Leidenschaft zu helfen sprach aus diesen Vorschlägen, deren Undurch-

führbarkeit der treffliche Hardt in einem nachfolgenden stillen Gespräch der unerschrocke-
nen Mahnerin deutlich machte.

Das Fritz-v. Bodelschwingh-Heim
in Westerhausen (1953)

Das Fritz-v. Bodelschwingh-Heim

Ich weiß es nicht, aber ich könnte mir denken, daß dieses Erlebnis in Frau Julia den Plan reifen ließ, ein eigenes Flüchtlingsheim zu bauen, wo sie selbst, ohne Rücksicht auf Anstaltsordnungen, frei schalten und walten können würde. Jedenfalls holte mich eines Tages meine Tante in den Buchenwald hinter dem Missionshaus. Hier hatte sie mit Backsteinen — für die über siebzigjährige Frau eine unerhörte körperliche Leistung — den Grundriß eines kleinen Hauses ausgelegt: „Hier und so will ich bauen!" Aber selbst zum Aufbau der halb zerstörten Häuser, durch den man am schnellsten zu neuem Wohnraum kam, reichten in Bethel die Kräfte und Materialien nicht. Also ein unerfüllbarer Wunsch! Längst hatte Pastor Hardt in liebevoller Fürsorge zwei kleine Häuser in Bethel als privaten Alterssitz meiner Tante zur Wahl vorgeschlagen. Eines hatte sogar ein schönes, ateliermäßig gut belichtetes Zimmer. Aber meine Tante lehnt ab. Sie will keinen Ruhesitz für sich, sie will anderen helfen.

Und so beginnt der letzte, siebenjährige Lebensabschnitt. Abenteuerlich, aufregend und randvoll mit übermenschlicher Anstrengung, aber auch erfüllt von einer wahrhaft jugendlichen Freude des Planens und Schaffens. 1947 schenkt ein Neffe ein Baugrundstück, wohl verkehrsmäßig günstig gelegen, nahe dem kleinen Bahnhof Westerhausen bei Melle, aber wegen großer Nässe schwierig zu bebauen. Vertrauteste Freunde und Verwandte raten in höchster Besorgnis ab. Ich sehe mich noch zusammen mit meiner Tante und Pastor Brandt, dem Vorsteher des Diakonissenhauses und treuen Freund der Familie Bodelschwingh, auf dem erlenbestandenen Grundstück sitzen. An niedrigen Stellen stand das blanke Wasser. Wir stellten Frau Julia die ungeheuerlichen Schwierigkeiten vor. Man schrieb das Jahr 1948! Geld hatte meine Tante keines, ebensowenig wie Bethel. Baumaterialien und Handwerker waren nicht zu haben. Dazu das nasse Grundstück, das kostspieliger Entwässerungsarbeiten bedurfte. Aber alles Abraten machte die Entschlossenheit von Frau Julia nur noch unerbittlicher.

Wirklich stürzte sie sich in das ach so unübersehbare und doch mit heißer Liebe gewagte Abenteuer des Bauens! Als die Freunde in Bethel sahen, daß dieser Entschluß unabänderlich war, ließen sie es an Hilfe nicht fehlen. Ein hochbegabter, aus Bethel stammender junger Architekt arbeitete mit viel Liebe und Geschick einen Bauplan aus. Aber Frau Julia warf nur einen Blick darauf, und kehrte dann mit einer schnellen Handbewegung den Plan um, so daß die leere Rückseite auf dem Tische lag.

Warum schlug sie diese Hilfe so hart aus? Es war wohl nicht, wie wir meinten, ein Zeichen von Altersstarrsinn, sondern eine neue Vorstellung von der Gestalt eines Altersheims, die sich von allem Herkömmlichen grundlegend unterschied. In einem Rundbrief an den Freundeskreis, der sich durch einen Aufruf Pastor Hardts im „Bethelboten" gebildet hatte und der den Grundstock des Baukapitals aufbrachte, beschrieb sie die Vision des geplanten „Fritz-v. Bodelschwingh-Heimes":

„Über der kleinen Haustür steht bescheiden geschrieben: ,Eigentum Jesu Christ' und gibt Antwort auf die Frage: Wer wird aufgenommen? Es ist eine offene Tür, und es kann kommen, wer will. Vorhanden sind Vertriebene, Heimatlose, Kriegsheimkehrer, Alte. Über den Zaun schaut schon seit Jahren eine andere Gruppe, beinahe Truppe, und fragt

nach dem Raum: „Hast du immer noch nicht Platz für uns?" Das sind solche, die ihre Kräfte und ausgebildeten Gaben recht anwenden wollen. Die meisten sind Ableger von Bethel. Nähen, Sticken, Stricken, Weben, Malen, Singen, Wirtschaften, Pflegen, Kochen ist uns vertraut, aber — Warten, Warten ist die Antwort. Angemeldete Alte, Blinde, Pflegebedürftige sollten meinem uralten Plan nach den Vorderflügel füllen."

Der Ortspfarrer, Pastor Bergner, der 1952 einen ordnungsmäßigen Trägerverein für das in kleinen Bau-Etappen entstehende Heim ins Leben rief und mit großem Taktgefühl für die Beachtung aller irdischen Realitäten sorgte, hatte Frau Julias Leitgedanken verstanden. Er schreibt:

„Sie wollte also ein rechtes „Mischhaus". Wirtschaftlich zwar dieselben Ordnungen und Vorschriften wie beim Altersheim, aber auf keinen Fall ein Heim nur für Alte, die sich um sich selbst und ihre eigenen und so bedrückend gleichförmigen Altersnöte drehen. Sie wollte vielmehr ein fröhliches, hilfreiches Miteinander von Kranken und Gesunden, Alten und Jungen, Ruhenden und Tätigen."[10]

Man kann wohl kaum treffender diese große Konzeption zusammenfassen. Sie ist eine Vision geblieben. Weil nach dem Tode von Frau Julia niemand ihres Formates vorhanden war, ihre Einsichten zu verwirklichen, wurden einige Flüchtlingsfamilien die Erben, die auf diese Weise Wohnung und Heimat fanden. Aber die Vision eines wirklich menschlichen „Mischhauses" für ein gemeinsames Leben von Tätigen und Ruhenden bleibt als Zielsetzung gültig, auch wenn sie den behördlichen Richtlinien von heute nicht entspricht. In den Anstalten für chronisch Kranke sind die Dinge bereits deutlich in der Richtung von Frau Julias Gedanken in Bewegung.

Immer stärker wird die Kritik an der bisherigen Weise, chronisch kranke Menschen in bestimmte Kategorien zu sortieren, um die Pflegearbeit zu erleichtern. Auch kranke Menschen dürfen nicht behandelt werden wie leblose Werkstücke, die auf dem Fließband bearbeitet werden. Dagegen ist man aber nun in vielen Anstalten ernstlich bemüht, die Kontakte zwischen den verschiedenen Krankengruppen, zwischen Männern und Frauen, Kranken und Gesunden, zwischen Drinnen und Draußen herzustellen.

Der nach menschlichem Ermessen viel zu früh heimgerufene Leiter der Heil- und Pflegeanstalt Wittekindshof, Johannes Klevinghaus, hat mit großem Nachdruck auf diese Zielsetzung in einem wirklich menschlichen Anstaltswesen hingewiesen.[11] Ebenso hat Wilhelm Gebauer, die rechte Hand von Pastor Fritz v. Bodelschwingh in der Fürsorgearbeit und verständnisvoller Freund von Frau Julia, in den von ihm geschaffenen Werkstätten für Behinderte, „Beckhof", den „uralten" Gedanken Frau Julias in Gestalt einer aus Kranken und Gesunden aller Abstufungen gemischten Lebensgemeinschaft mit sichtbarem Erfolg verwirklicht.

Aber wann wird man die gleiche Wohltat auch den alten Menschen erweisen? Wann wird man das wahrhaft beunruhigende Signal begreifen, daß einerseits alle Welt nach Altersheimen ruft und ungeheure Summen für palastähnliche Bauten mit allem Komfort für ein „sorgenfreies" Leben der alten Menschen ausgegeben werden, und daß andererseits die deutliche Mehrzahl der alten Menschen sich mit Händen und Füßen sträubt, in diese Paläste einzuziehen? Es ist und bleibt eben unmenschlich, die Alten aus dem Leben herauszusortieren und sie den „so bedrückend gleichförmigen Altersnöten" auszuliefern. Es ist der verhängnisvolle Irrtum unserer Zeit, diesen tiefen Schaden durch materiellen Luxus übertünchen zu können. Was wir brauchen, ist Liebe, Phantasie, und Hingabe. Das alles ist nicht mit Geld zu ersetzen. Diese Erkenntnis hat Frau Julia mit ihrem unvollendet gebliebenen Plan eines „Mischhauses" als ein Erbe, das in der Zukunft erst eingelöst werden muß, hinterlassen.

Diese Gedanken, die aus einer immer unmenschlicher werdenden Zeit in eine menschliche und christliche Zukunft weisen, mußten wir erwägen, um aufzuzeigen, warum Frau Julia die ihr in Bethel angebotene Altersruhe ausschlug und ihren eigenen Weg in völliger Freiheit, aber eben auch mit viel Mühsal zu betreten sich entschloß.

Nachdem sie Besitzerin des Grundstücks in Westerhausen geworden ist, mietet sich Frau Julia in der nahen Stadt Melle ein, um aus räumlicher Nähe alle nötigen Verhandlungen zu führen. Gleichzeitig will sie ganz direkt die Menschen suchen, die als Hilfsbedürftige und als Helfende ihr neues Haus füllen und umgeben sollen. An welche Art Menschen sie denkt, zeigt ein Beispiel. Sie schreibt:

„Dürfte die Tür des neuen Hauses geschnitzt werden von einem Tischler unter uns? Nach einer sehr schönen Tür in Melle? Er kann es. Dieser Mann wurde in der Gefangenschaft in Rußland nach Moskau kommandiert. Dort hatte er den Auftrag, große Türen in Auslegearbeit mit Blumen und Früchten nach historischen Modellen in einem Ministerium für Stalin zu machen. Hier geht er jeden Tag zur Maschine und sägt Bretter!"

Daneben geht es um das Sammeln von Geld. Sie macht viele Stücke ihres reichen Bestandes an eigenen Aquarellen verkaufsfertig und gibt sie weit unter ihrem Wert weg. Sie läßt Reproduktionen drucken und vertreibt sie. Auch tritt sie in Geschäftsverbindung mit dem Detmolder Künstler Rötteken, dessen farbige Blumenholzschnitte sie ungemein schätzt und als guten Wandschmuck verbreitet sehen möchte. Dazu müssen unzählige Briefe geschrieben und die dabei helfenden Menschen immer neu gefunden werden. Alles das erfordert Reisen rings im Land umher.

Auch die alten Fürsorgepflichten für Bethelkranke bleiben. Hinzu kommt die Sorge um die letzten ihrer alt gewordenen Schwestern. Und so ist sie ständig unterwegs, ihre Habe im Rucksack, den bekannten großen Wecker im Netz mit sich führend, per Bahn, Autobus, Anhalter, oft auch zu Fuß, bald bei Verwandten, bald wieder in Bethel übernachtend. Die Eintragungen im Tagebuch unterbleiben fast völlig. Nur während kurzer Aufenthalte in Bethel finden sich Notizen, oft der Seufzer: „halb tot vor Müdigkeit" und ähnliche Wendungen. Aber sie hält durch.

Der Hausbau in einem ersten kleinen Bauabschnitt beginnt tatsächlich. Aber da Frau Julia, wie schon erwähnt, einen fachkundigen Architekten abgelehnt hat und einen Baumeister sucht, der sich ihr völlig unterordnet, gerät sie an einen Scharlatan, der in Wahrheit nur sich selbst eine Wohnung in dem entstehenden Heim sichern will. Er baut technisch verkehrt, so daß bereits in den Neubau der Hausschwamm kommt. Aber dank des neugebildeten Trägervereins mit trefflichen Menschen im Vorstand, wie zum Beispiel der bedeutenden Oberin des Münsterschen Diakonissenhauses, Dorothea Petersmann, werden

diese Mißlichkeiten überwunden. Auch Betheler Bauleute und Diakone leisten gute Hilfe.

So können die ersten Menschen einziehen. Frau Julia bekommt ihr eigenes kleines Zimmer und gibt 1950 ihre Betheler Wohnung auf. Die ersten Blumen und Bäume werden gepflanzt. Es brennt nun im Hause das eigene Herdfeuer. Über Wochen hin erscheint im Tagebuch jetzt der tägliche Speiseplan. Das Haus, das zu leben und zu atmen beginnt, ist mit viel Liebe, aber auch mit viel Not und Armut gefüllt. Frau Julia schreibt in einem „Freundesbrief":

„Das Tränenkrüglein steht auch sonst im Haus. Auch in der umgebenden Gemeinde. Manchmal ist es ganz gefüllt. Ob es die Engel nach oben tragen, wo gezählt wird, was kein Mensch zählen kann?"

Aber in dem allen wird Frau Julia nicht wehleidig. Als der tatkräftige Vereinsvorsitzende, Pastor Bergner, im Mietvertrag des eigennützigen „Baumeisters" die Klausel entdeckt: „Kündbar seitens der Besitzerin nur nach Bereinigung der Oder-Neiße-Grenze"!, wird Frau Julia nun wirklich zornig. Sie wünscht eine Aussprache unter Zeugen mit dem „frechen Patron" und erbittet Pastor Bergners Beistand:

„. . . vielleicht mit Ihnen und einem derben Zimmermann! Sie können ruhig sagen: Du hast mich ja betrogen! Ganz derbe ins Gesicht!"

So scheint die alte Vitalität ungebrochen. Und die braucht sie ja auch täglich in der Fürsorge für ihre neuen Hausbewohner, in der großen Korrespondenz, in den ständigen Bausorgen. Immer noch kümmert sie sich um jede künstlerische Einzelheit. Als die Bauleute einen Hauptbalken braun streichen wollen, schreibt sie:

„. . . aber ich möchte schwarz streichen! Man sieht Schwarz als Trauerfarbe an, während ich von Schwarz als Farbe weiß, daß das wenige Schwarz den Raum hell macht und außerdem Entschlossenheit und nicht Weichlichkeit ausdrückt."

Aber dann wird die Unermüdliche in die längst von ihr ersehnte Stille geführt. Zum Überstehen einer radikalen Zahnbehandlung begibt sie sich im Januar 1954 in das von ihr so geliebte Krankenhaus Dothan. Nachdem sie im April noch an der Beerdigung von Gertrud Bäumer in Bethel teilgenommen hatte, erleidet sie einen leichten Schlaganfall, den sie aber in der Betheler neurologischen Klinik überwindet, so daß sie noch einmal in ihr Heim in Westerhausen zurückkehren kann.

Wenige Wochen später kam der Tag, an dem sie zum letzten Mal aus der Türe ihres Hauses ging. Sie tat es, laut den Choral „Lobe den Herren, den mächtigen König der Ehren" singend. Dann erlitt sie auf der Straße einen zweiten Schlaganfall. Man brachte sie in ihr altes Bethel zurück, in die Pflege der Sarepta-Schwestern. Sie fand die Sprache nicht wieder. Mit großen Augen ihre abschiednehmenden Besucher stumm ansehend, aber gewiß die ihr zugesprochenen Worte des Lebens hörend, ging sie dem Ende entgegen. Sie starb am 29. September. An ihrem 80. Geburtstag hatte sie noch geschrieben:

„Ich werde Gott bis zu meinem letzten Atemzug dafür danken, daß er mir erlaubte, ganz meiner Neigung für den Mitmenschen zu leben."

Wilhelm Brandt, der Biograph ihres Mannes, hielt die Trauerpredigt über ihren Konfirmationsspruch: „Weise mir, Herr, deinen Weg" (Psalm 86). Er zeichnete diesen Weg nach, aber nicht feierlich — Frau Julia war es ja nie gewesen —, sondern ganz menschlich und natürlich aus ihrem wirklichen Leben erzählend und auch originelle Aussprüche behutsam einflechtend. So geschah es — eigentlich ganz unpassend für eine Beerdigung —, daß etwas wie ein heimliches Lachen durch die Reihen der Zuhörer ging. Nicht etwa ein Lachen über das Heitere in der Gestalt Julia v. Bodelschwinghs, sondern etwas von der anbrechenden Erfüllung des „Bethelpsalms": „Sie gehen hin und weinen und tragen edlen Samen und kommen mit Freuden und bringen ihre Garben." So war diese Abschiedsfeier ein letztes Zeugnis für die Art der Lebensgemeinschaft Frau Julias mit ihrem Mann, auf dessen Grabstein sie das Wort aus der Engelsbotschaft der Weihnachtsgeschichte hatte schreiben lassen:

„Siehe, ich verkündige euch große Freude!"

Frau Julia unterwegs

Strauß mit Eisenhut, Aquarell, 61 x 48 cm

Lobelien, Aquarell, 43 x 33 cm

Kleiner Sommerstrauß, Aquarell, 33 x 34 cm

Mohnblumenstrauß, Aquarell 60 x 60 cm
(siehe Seite 72)

Malven im Salzburger Land, Aquarell
60 x 60 cm

Großer Sommerstrauß, Aquarell, 60 x 60 cm

**Ansprache zur Eröffnung einer Ausstellung von Aquarellen
von Frau Julia von Bodelschwingh im Haus Lydda in Bethel am 5. 6. 1971**

Liebe Freunde von Frau Julia von Bodelschwingh! Mir ist ein wunderbarer, aber schwerer Auftrag zuteil geworden, etwas über die Persönlichkeit von Frau Julia zu sagen, ehe wir gleich vor die Bilder selbst treten, die von ihrer Hand gemalt sind und uns einen so überwältigenden Einblick in ihr Wesen vermitteln. Es bedarf immer einer großen Gewissenhaftigkeit, das Bild eines verehrten und geliebten Menschen zu zeichnen und in die Erinnerung zurückzurufen. Da darf kein Wort zuviel gesagt werden. Es darf aber auch nichts ungesagt bleiben, was dieses Bild bestimmt. Ich will versuchen, mit ein paar Worten etwas über Frau Julia zu sagen. Das Entscheidende müssen die Bilder selbst in ihrer wunderbaren Helligkeit sagen, dazu die Fotos, die ihnen beigegeben sind. Wir müssen Bruder Pöschel herzlich danken, daß er Bilder und Fotos zusammengetragen und in besonders schöner Weise geordnet hat, und wir müssen auch denen danken, die sich für eine Weile von den Bildern getrennt und uns damit ermöglicht haben, sie kennenzulernen und das Gedenken an Frau Julia zu festigen.

Also nur ein paar Worte, um die Gestalt dieses besonderen Menschen unter uns lebendig werden zu lassen. Ich werde mich hüten, anekdotisch zu verfahren, d. h. vielerlei Geschichten zu erzählen, die es um Frau Julia zu erzählen gäbe. Ich kann mir aber nicht versagen, zunächst einmal mitzuteilen, woran ich persönlich denke, wenn der Name Julia von Bodelschwingh genannt wird. Da ist ihr Besuch in Frankfurt nach dem Krieg, wahrscheinlich im Jahre 1946, als die Stadt noch unter den Trümmern lag und meine Frau und ich uns eine kleine Behausung am Rande der Stadt auf einem Trümmergrundstück geschaffen hatten. Sie suchte uns auf, um mit uns darüber zu sprechen, welche Aufgaben nun wohl vor uns lägen, wenn wir nicht nur daran denken wollten, uns eine eigene Existenz wiederaufzubauen, sondern unser Leben und unsere Kraft für andere, viel stärker betroffene Menschen einsetzen möchten. Sie hatte bestimmte Vorstellungen, wir hatten Vorstellungen. Hierüber vergingen ein oder zwei Tage, dann brachten wir sie auf den großen Frankfurter Bahnhof, der ein scheußlicher Haufen von verbogenem Eisen und Stahl, von geborstenen Mauern und Schutt war. Die Züge fuhren aber wieder herein und hinaus. Unter den vielen, zum größten Teil sehr bekümmert dreinschauenden Menschen stand ihre helle Gestalt, mit einem langen weißen Gewand bekleidet, einen breiten Strohhut auf dem Kopf, Blumen am Strohhut, in der Hand eine ihrer selbstgewebten bunten Handtaschen, denn Koffer kannte sie ja nicht. Das war eine auffallende Erscheinung in dieser bedrückenden Umgebung. Die Menschen blickten nach ihr und es war wie ein Zeichen der Hoffnung, daß solch eine Gestalt in dieser Umgebung sichtbar wurde.

— Ein anderes Bild: Frau Julia im Garten des Pfarrhauses in Bethel, mit Kopftuch und großer Schürze, pflanzend, jätend, eigenartig geflochtene Körbe zur Seite, Blumen schneidend und Sträuße zusammenstellend, die dann in einzigartiger Weise das Haus füllten, dieses Haus, dem eine Atmosphäre eigen war, wie man sie selten findet. Oder auch — dies nur am Rande bemerkt — Frau Julia in der Küche. Ob sie eine große Köchin nach herkömmlichen Maßstäben war, weiß ich nicht. Jedenfalls aber verstand sie es, ihrem Mann viele kleine gute und besonders heilsame Gerichte zu bereiten, die dann den Mittags- oder Abendtisch füllten, so daß er immer wie ein Festtagstisch gedeckt war. Auch hierbei fehlten nie die Blumen. Und immer war irgend ein kranker Mensch um sie, den sie im Haus, im Garten oder wie auch immer beschäftigte und dem sie über seine besonderen Schwierigkeiten und Traurigkeiten mit fester Hand hinweghalf.

Ein weiteres Bild: Frau Julia unter uns Jungen, die sich wöchentlich einmal abends im Arbeitszimmer von Pastor Fritz von Bodelschwingh, unserem „Dux", versammelten, um hier zu diskutieren, sich mit der Bibel zu beschäftigen und dies und jenes zu bedenken. Sie war unter uns, aufmerksam unseren Diskussionen zuhörend, dabei aber schlicht und einfach Strümpfe stopfend. Meist waren es bunte Strümpfe, die sie aus ihrem Korb herauszog! Und dann entstand immer das Problem, wie der Stopffaden durch das Nadelöhr hindurchkäme. Lange, verzweifelte Versuche, bis endlich Pastor Fritz sagte: „Nun helft Duchesse doch einmal!"

Und schließlich Frau Julia in der Zionskirche, im Gottesdienst unter den Kranken im Hauptschiff, nicht dort, wo die sogenannten Gesunden saßen. Sie gehörte zu den Menschen, denen es schwerfiel, lange Predigten anzuhören. Sie wußte das und hatte sich darauf eingerichtet, und wenn die Müdigkeit sie überfiel, zog sie ein Skizzenbuch aus ihrem Beutel und fing an, diesen oder jenen aus ihrer Umgebung in der Bank vor sich oder neben sich zu zeichnen. So half sie sich unbekümmert über die Dürre einer zu langen Predigt hinweg.

Ich könnte noch manche Bilder hinzufügen. Immer würden sie den Eindruck eines Menschen vermitteln, um den eine eigenartige Helligkeit leuchtete, der in souveräner Freiheit seinen Weg ging, ohne sich abseits von der Gemeinschaft, zu der er gehörte, zu stellen, von unbedingter innerer Unabhängigkeit, ohne sich doch eigensinnig in die eigenen Auffassungen zu verspinnen. Wie paßte dieser Mensch nach Bethel, in ein Gefüge, das für ihn vielleicht doch zu sehr Anstalt war, in gewisser Weise abgeschnürt und in einer unvermeidbaren Enge lebend, die einem solchen Menschen und künstlerischen Geist Hemmung und Belastung bedeuten mußte?

Wer die Geschichte und Entwicklung Bethels kennt und die Menschen, die Bethel geprägt haben, weiß, daß die Bezeichnung „Anstalt" denkbar falsch und alles andere als kennzeichnend für Bethel war und — wie ich meine — auch noch ist. Eben hier gab es von Anfang an keine Mauern! Der Zugang von der Welt nach Bethel hinein und von Bethel in die Welt hinaus war immer offen und frei. Und der kranke Mensch war nie Objekt der Betreuung, bei aller Treue und Gewissenhaftigkeit der Pflege, die ihm zugewandt wurde. Er war der Mittelpunkt eines Gemeinwesens, das gerade aus den besonderen Erfahrungen des Leidens im Leben und des Leidens am Leben existierte, gedieh, besondere Kräfte, Impulse und Initiativen entwickelte und auf vielfältige Weise in die Welt hinausschickte. Von daher erklärt sich diese einzigartige, anregende, verwandelnde, ja heilende Kraft, die Bethel in die Welt ausstrahlte, ganz anders, als sie je von einem Gemeinwesen ausgehen kann, begründet in dieser besonderen Erfahrung des Menschen in seiner einzigartigen Gestalt als des vom Leben in besonderer Weise Geprägten. Ich meine, daß Bethel als Gemeinwesen solcher Art ein Ort war, in dem Kräfte menschenbildender Formung Gestalt fanden, die weit über das diakonisch-soziale Element in ihnen hinausgingen und von künstlerischer Art waren. Insofern war hier auch für Julia von Bodelschwingh in besonderer Weise Platz und Aufgabe gegeben. Von daher fand auch ihre Gabe, in jedem Menschen das Geschöpf Gottes und noch im verletzten und zerstörten Leben das Ganze der Persönlichkeit, so wie sie angelegt ist, ihre Entelechie zu sehen, Raum. Daher ihre wunderbare Art des Ernstnehmens dieser leidenden Menschen, zugleich die Heiterkeit im Umgang mit ihnen. Vielleicht konnte sich gerade hier ihr wahres künstlerisches Talent, im nie aufhörenden Schöpfungsprozeß Gottes mitzuleben und mitzuschaffen, in besserer Weise entfalten als an irgend einer anderen Stelle. So stand sie an der Seite ihres Mannes, keineswegs in seinem Schatten lebend, sondern ihn auf ihre besondere Weise begleitend.

Dabei war dieser künstlerische Mensch nie schweifender Künstler, sondern ein einfältig-frommer Mensch, der bei aller Freiheit der eigenen Formulierung seiner Gedanken fest im Glauben stand.

Es ständе mir nicht zu, Julia von Bodelschwingh's Lebensweg als Christ zu zeichnen. Ich weiß aber, daß dies ein besonderer Weg gewesen ist, den sie, fern von ausgefahrenen Geleisen, in ihrer Weise gegangen ist, vieles mit einbeziehend, was anderen Menschen gelegentlich ungewöhnlich, vielleicht sogar abseitig erschien. So sicher sie aber diesen Weg ging, ist sie auch nie der Versuchung erlegen, einem Synkretismus zu verfallen, dazu war sie ein viel zu frommer Mensch, ganz offen für Gottes Weisung, aber eben mit dieser besonderen Gabe des Hörens auf diese Weisung und des Vertrauens auf sie ausgestattet, und dann mit dieser einzigartigen Weise begabt, ihre Gedanken und Erfahrungen auszusprechen. Denken Sie an die wunderbare Beschreibung des Sterbens ihres Mannes, wo sie von der großen Abholung und der Begegnung mit den Gesandten Gottes, ja, von dem Glück dieser Stunde mitten in allem Abschiedsschmerz, sprach. Oder denken Sie an den schönen Bericht von ihrer Arbeit an den Flüchtlingen in Westerhausen bei Melle — ein Bericht, der reif wäre, in jede Sammlung hervorragender Zeugnisse deutschen Geistes und deutscher Sprache aufgenommen zu werden. Ich will hieraus nur kurz zitieren: „Nie wußte ich meinen Weg und weiß ihn keinen Morgen . . ., (aber) das weiß ich: kleine Schritte sind zu gehen, gerade so klein und so groß, daß Gottes Verheißungen unseren Augen sichtbar werden und den Weg beleuchten. Da fangen die Wirklichkeiten an."

Das ist das Seltsame an diesem Menschen, daß seine fernen Gedanken und Empfindungen ganz in die Wirklichkeit dieses Lebens eingingen und Gestalt annahmen.

Zu diesen Wirklichkeiten gehören nun auch die Bilder, denen wir uns jetzt schnellstens zuwenden wollen, nachdem ich viel zu lange und vielleicht auch zu ernst von Frau Julia gesprochen habe. Es ist überwältigend, welche Helligkeit, Beschwingtheit, Freude von diesen Bildern ausgeht. Von Bildern, die zu Bethel gehören, in dem so viel Leiden, Krankheit und Schwäche versammelt waren. Lassen Sie uns durch diese wunderbare Symbiose von Leiden und Freude und durch ihre verwandelnde Kraft selbst anregen und aufrufen, so wie es die Bestimmung jedes echten Kunstwerkes seit alters her ist, heilend und erneuernd zu wirken.

Joachim Wolf

Anmerkungen

1 Marie, Charlotte und Luise v. Vincke waren Töchter des früheren Oberpräsidenten der Provinz Westfalen, Ludwig Frhr. v. Vincke (1774 - 1844). Dessen Schwester Lisette, verh. Frau v. d. Reck-Obernfelde, war Julias Urgroßmutter.

2 Die Wandelhalle bildete den Abschluß des Mutterhausgartens gegen den Königsweg. Sie brannte im 2. Weltkrieg aus und wurde später zwecks Straßenverbreiterung abgerissen.

3 Fritz Reiß, 1857 - 1916, Maler und Illustrator, Schüler der Akademie Düsseldorf, Schilderer von Land und Leuten des Schwarzwaldes.

4 Marie erhielt weitere sechs bis sieben Briefe von Rilke, die richtungweisend auf ihre künstlerische Entwicklung eingingen und ihr zeitlebens kostbar waren. Im Alter wurden sie ihr von einem jungen Philologen abgeschwatzt und sind nie wieder aufgetaucht. Nur der oben zitierte Brief war vorher abgeschrieben worden.

5 Walter Leistikow, 1865 - 1908, Maler der märkischen Landschaft, deren „düstere Kraft, Anmut und Monotonie" er wiederzugeben wußte. Lovis Corinth schrieb seine Biographie: „Das Leben W. Leistikows, ein Stück Berliner Kulturgeschichte" 1910 bei Paul Cassirer Berlin.

6 Albrecht, den die Offizierslaufbahn wenig befriedigte, quittierte den Dienst mit Hauptmannsrang. Er nahm eine Vertrauensstellung bei dem fast erblindeten Prinzen Hermann zu Stolberg-Wernigerode an, der ein Gut in Polen besaß. So ist Albrechts Wohnen in Schlesien erklärbar.

7 Stehend von links: Schwester Bertha v. Ledebur, Marianne v. Ledebur (Tochter von Wilhelm v. L.), Gerhard v. Ledebur, Mathilde v. Ledebur, Luise und Wilhelm v. Bodelschwingh, Gustav und Adelheid v. Bodelschwingh mit Sohn Friedrich Wilhelm, Else v. Ledebur, Emmy und Wilhelm v. Ledebur, Frieda v. Bodelschwingh, Elisabeth v. Bodelschwingh (Tochter von Wilhelm v. B.), Schwester Helmine v. Ledebur.
Sitzend: das Brautpaar mit den Kindern Bernhild und Adelheid v. Bodelschwingh (Töchter von Gustav v. B.).

8 Der Name war durchaus geistlich zu verstehen im Sinne der Psalmen (18, 46 und 91), wo sich auch die Namen weiterer Betheler Pfarrhäuser finden: Hort, Schild, Schutz, Hilfe, Zuversicht.

9 Erst Jahre später erreichte Frau Julia, daß an der Sonnenseite des Hauses ein geschützter Balkon angebaut wurde, auf dem Pastor Fritz draußen liegend arbeiten konnte.

10 Aus dem Gedenkheft von Franz Bergner: „Julia v. Bodelschwingh und das Fritz v. Bodelschwingh-Heim", Buchhandlung Bethel

11 Johannes Klevinghaus „Hilfen zum Leben", S. 47 ff, Verlag Bechauf Bielefeld.